Due Diligence bei Unternehmensakquisitionen –
eine empirische Untersuchung

Beiträge zum Controlling

Herausgegeben von Wolfgang Berens

Band 1

PETER LANG

Frankfurt am Main · Berlin · Bern · Bruxelles · New York · Oxford · Wien

Wolfgang Berens/Joachim Strauch

Due Diligence bei Unternehmensakquisitionen – eine empirische Untersuchung

unter Mitarbeit von Thorsten Behrens
und Julia Lescher

PETER LANG
Europäischer Verlag der Wissenschaften

Die Deutsche Bibliothek - CIP-Einheitsaufnahme

Berens, Wolfgang :

Due Diligence bei Unternehmensakquisitionen – eine empirische Untersuchung / Wolfgang Berens / Joachim Strauch. Unter Mitarb. von Thorsten Behrens und Julia Lescher. - Frankfurt am Main ; Berlin ; Bern ; Bruxelles ; New York ; Oxford ; Wien : Lang, 2002
(Beiträge zum Controlling ; Bd. 1)
ISBN 3-631-39111-0

ISSN 1618-825X
ISBN 3-631-39111-0

www.peterlang.de

Vorwort und Dank der Verfasser

Due Diligence-Analysen sind seit einigen Jahren Gegenstand wissenschaftlicher Auseinandersetzung in der Literatur und praktischer Anwendung bei Mergers & Acquisitions (M&A). Ursprünglich als spezielles Instrument der angloamerikanischen Transaktionspraxis charakterisiert, hat sich gezeigt, daß die Notwendigkeit zur Durchführung einer Due Diligence im Vorfeld von M&A auch in Deutschland besteht. Bei den im Rahmen der vorliegenden Untersuchung berichteten Akquisitionen im Zeitraum von 1997 bis 2000 wurde zu 74% eine Due Diligence durchgeführt.

Die besondere Relevanz besitzt das Thema aufgrund des interdisziplinären Charakters in einer komplexen Entscheidungssituation. Sowohl aus betriebswirtschaftlicher als auch wirtschaftsrechtlicher Perspektive stellt der Unternehmenskauf eine besondere Herausforderung dar. Hinzu kommt, daß dem prozessualen Charakter und dem oftmals zugrundeliegenden Zeitdruck besondere Beachtung zu schenken sind. Die hohen Mißerfolgsquoten von M&A werden auch auf eine nicht oder nicht adäquat durchgeführte Due Diligence zurückgeführt.

Welchen Stellenwert der Due Diligence im Akquisitionsprozeß beigemessen wird, ist indessen bislang empirisch noch ungeklärt. Die vorliegende Untersuchung, bei welcher 3.926 deutsche Unternehmen aller Rechtsformen und Größenklassen zur Durchführung der Due Diligence bei der Akquisition eines deutschen Unternehmens befragt wurden, soll einen Beitrag zur näheren Charakterisierung der Due Diligence leisten und zukünftige Forschung auf diesem Gebiet befruchten.

Die Durchführung einer empirischen Untersuchung erfordert sowohl personelle als auch finanzielle Ressourcen. In den einzelnen Phasen des Projektes hat uns eine Vielzahl von Experten bei der Konzeption des Fragebogens und der Durchführung unterstützt.

Finanziert wurde die Untersuchung und der Druck des vorliegenden Berichtes von der Warth & Klein GmbH Wirtschaftsprüfungsgesellschaft, Düsseldorf. Wir bedanken uns für das Interesse an dem Projekt und die spontane Zusage der Unterstützung ganz herzlich bei Herrn WP/StB Prof. Dr. *Klaus-Günter Klein*.

Für die kostenlose Bereitstellung der Datensätze aus der M&A-Review Database, die Grundlage für die Zusammensetzung der befragten Unternehmen waren, bedanken wir uns bei Herrn Prof. Dr. *Günter Müller-Stewens* von der Universität St. Gallen.

Sehr herzlich bedanken möchten wir uns darüber hinaus für die Mitarbeit bei: Dr. *Ulrich Blaas* (Freshfields Bruckhaus Deringer, Köln), *Magali von Blottnitz* (Gerling-Konzern Versicherungs-Beteiligungs-AG, Köln), *Francois Dontot* (Thomson Financial, Frankfurt), Dr. *Kurt Kinzius* (EINSTEINet AG, München), Dr. *Martin Kirchner* (Franz Haniel & Cie. GmbH, Duisburg), WP/StB *Rainer König* (Schitag Ernst & Young, Düsseldorf), WP/StB *Uwe Kolb* (Price WaterhouseCoopers, Frankfurt), Dr. *Hans Christian Limmer* (OCC Strategy Consultants, Düsseldorf), Dr. *Thomas Mehler* (Bundeskartellamt, Bonn), Dr. *Ulrich Middelmann* (ThyssenKrupp AG, Düsseldorf), Dipl.-Oec. *Kai-Christian Muchow* (Universität St. Gallen), *Helmut Nuhn* (Henkel KGaA, Düsseldorf), Prof. Dr. *Gerhard Picot* (Freshfields Bruckhaus Deringer, Köln; Universität Witten/Herdecke), *Volker Prange* (Mannesmann AG, Düsseldorf), *Holger Püchert* (E.ON AG, Düsseldorf), Dr. *Walter Schmitting* (Westfälische Wilhelms-Universität, Münster), *Burkhard Steinriede* (Deutsche Post Direkt Marketing, Münster), *Andreas Tesch* (Gerling-Konzern Speziale Kreditversicherungs-AG, Köln).

An der Durchführung der Projektes, von der Zusammenstellung der angeschriebenen Unternehmen über die Fragebogenerstellung bis zur Auswertung, haben Herr Dipl.-Kfm. *Thorsten Behrens* und Frau Dipl.-Kffr. *Julia Lescher* engagiert mitgewirkt. Ihnen gebührt hierfür ein herzliches Dankeschön. Der weit über den Umfang und das Niveau einer studentischen Tätigkeit hinausgehende Einsatz rechtfertigt es, sie als Mitautoren dieser Untersuchung zu nennen.

Im Internet haben wir ein Forum mit Informationen zum Thema Due Diligence für Wissenschaft und M&A-Praxis eingerichtet. Sie finden dort unter

http://www.due-diligence.info

Literaturhinweise, Links bspw. zu Dienstleistern sowie weitere Informationen. Wenn Sie Fragen oder Anregungen zu der Untersuchung oder zu den sonstigen Aktivitäten des Lehrstuhls für Controlling haben, schreiben Sie uns gerne eine e-mail an controlling@wiwi.uni-muenster.de.

Der vorliegende Projektbericht ist zugleich der erste Band der neuen Schriftenreihe „Beiträge zum Controlling".

Münster, im Oktober 2001

Wolfgang Berens und
Joachim Strauch

Inhaltsverzeichnis

Abbildungsverzeichnis

1 Ziel und Gegenstand der Untersuchung

Empirische Untersuchungen belegen einen mittlerweile auch in Deutschland erhöhten Verbreitungsgrad der Due Diligence bei Mergers & Acquisitions (M&A).[1] Differenziert wird bei den Untersuchungen zwischen einzelnen Teilreviews (Financial, Tax, Legal etc.), allerdings wurden bislang keine breiten empirischen Erkenntnisse zur Art und Weise der Durchführung der Due Diligence gewonnen. Daher bleibt bei diesen Untersuchungen unklar, was von den Beteiligten in der Akquisitionspraxis unter einer Due Diligence verstanden wird. Dieses Erkenntnisdefizit korrespondiert mit den Beiträgen in der betriebswirtschaftlichen und wirtschaftsrechtlichen Literatur: Oftmals checklistenartig werden einzelne Untersuchungsgegenstände aufgelistet und erläutert, eine Fundierung des Prozesses Due Diligence hingegen unterbleibt. Eine solche Fundierung kann zum einen aufgrund von Überlegungen wissenschaftlicher und konzeptioneller Art erfolgen, zum anderen auch aufgrund von empirischen Untersuchungen zur Durchführung der Due Diligence bei Unternehmensakquisitionen.

Gewährleistungsrechtlich relevant ist die Due Diligence im Hinblick auf die Frage, ob den Käufer eine Verpflichtung zur Prüfung des Unternehmens vor dem Kauf trifft. Dies ist dann der Fall, wenn eine Verkehrssitte existiert, nach der eine solche Prüfung üblicherweise stattfindet.[2] Liegt demnach eine Verkehrssitte 'Durchführung einer Due Diligence bei einem Unternehmenskauf' vor, droht dem Käufer bei Unterlassen derselben der Verlust seiner Gewährleistungsrechte. Nun ist die Frage nach einer Verkehrssitte keine 0/1-Variable (Binär-Variable), vielmehr sind in diesem Zusammenhang auch Untersuchungsumfang und -tiefe zu konkretisieren. Nur so kann festgestellt werden, ob ein Käufer in einem bestimmten Fall Prüfungspflichten verletzt hat. Die Frage, ob und wie in der Praxis tatsächlich Due Diligence-Prüfungen durchgeführt werden, kann letztlich nur durch Untersuchungen auf breiter empirischer Basis beantwortet werden. Die vorliegende Untersuchung soll hierzu einen Beitrag liefern, indem deutsche Unternehmen aller Rechtsformen und Größenklassen zur Durchführung der Due Diligence mittels eines Fragebogens befragt wurden.

Die Gesamtheit der 3.926 für die vorliegende Untersuchung angeschriebenen Unternehmen setzt sich zu einem Teil aus in Datenbanken zu M&A-Trans-

---

[1] Vgl. *Marten, K.-U.; Köhler, A.* (1999), S. 337ff. und *Helder GmbH; Hees Rechtsanwälte (Hrsg.)* (1999), S. 16.

[2] Vgl. bspw. § 460 BGB, sofern Sachmängelgewährleistungsrecht Anwendung findet; § 439 BGB bei Rechtsmängelhaftung. Zum Einfluß der Due Diligence auf die Aufklärungs- und Untersuchungspflichten beim Unternehmenskauf vgl. umfassend *Moosmayer, O.* (2000).

aktionen erfaßten Käuferunternehmen, und zu einem anderen Teil aus den umsatzgrößten Unternehmen in Deutschland zusammen. Auf diese Weise ist gewährleistet, daß die Struktur der deutschen Unternehmenslandschaft im Hinblick auf Unternehmensgrößen und Rechtsformen annähernd repräsentiert wird. Mit dem Fragebogen wurden Informationen über aufbau- und ablauforganisatorische Aspekte sowie die Einschätzung der wirtschaftlichen und wirtschaftsrechtlichen Relevanz der Due Diligence erhoben. In Verbindung mit den Transaktionscharakteristika wie Umsatz, Branche und Zahl der Mitarbeiter von Käufer- und Zielunternehmen sollten Aussagen abgeleitet werden, wie in der Unternehmenspraxis eine Due Diligence durchgeführt wird. Valide Ergebnisse vorausgesetzt, die auf Trends und künftige Standards bzw. Grundsätze zur Durchführung einer Due Diligence schließen lassen, wäre hiermit auch ein Beitrag zur Würdigung der Prüfungspflichten unter gewährleistungsrechtlichen Gesichtspunkten geleistet.

Die bisherigen Veröffentlichungen zur Due Diligence beschäftigen sich im wesentlichen mit der inhaltlichen Konkretisierung einzelner Teilreviews oder mit praktischen Erfahrungen bei der Durchführung der Due Diligence.

Der Ausgangspunkt der Untersuchung ist, das Defizit an empirischen Befunden durch eine breit angelegte Studie zum Einsatz der Due Diligence in deutschen Unternehmungen zu beheben. Im deutschsprachigen Raum wurden bislang Untersuchungen zum Einsatz von Unternehmensbewertungsverfahren bei M&A von *Pellens/Tomaszewski/Weber*[3] sowie von *Peemöller/Bömelburg/Denkmann*[4] und *Peemöller/Kunowski/Hillers*[5] durchgeführt. Aus dem US-amerikanischen Raum liegt eine Untersuchung von *Hubbard/Lofstrom/Tully*[6] zum Umfang und zur Ausgestaltung von Due Diligence-Checklisten vor.

Die Fragestellung bei dieser Untersuchung lautet, in welchen Determinanten die Due Diligence tatsächlich durchgeführt wird und wovon deren jeweiligen Ausprägungen abhängen. Determinanten der Due Diligence sind

- die Dauer der Due Diligence und Terminierung im Akquisitionsprozeß,
- die Größe und Zusammensetzung des Due Diligence-Teams,
- die Informationsquellen während der Due Diligence,
- die eingesetzten Instrumente wie Checklisten u.a.,
- die wirtschaftliche und wirtschaftsrechtlichte Relevanz der Due Diligence,
- die Dokumentation und Berichterstattung über die Due Diligence.

---

3 Vgl. *Pellens, B.; Tomaszewski, C.; Weber, N.* (2000), S. 1825ff.

4 Vgl. *Peemöller, V. H.; Bömelburg, P.; Denkmann, A.* (1994), S. 741ff.

5 Vgl. *Peemöller, V. H.; Kunowski, S.; Hillers, J.* (1999), S. 621ff.

6 Vgl. *Hubbard, G.; Lofstrom, S.; Tully, R.* (1994), S. 33ff.

Über die Durchführung der Untersuchung und die Ergebnisse informiert der vorliegende Bericht. Im anschließenden Kapitel *Zentrale Ergebnisse* sind zunächst die wichtigsten Erkenntnisse in einem Überblick zusammengefaßt. Das darauffolgende Kapitel über *Die Datenbasis* beschreibt die Zusammenstellung der Grundgesamtheit der befragten Unternehmen. Diese besteht aus akquirierenden deutschen Unternehmen und den umsatzgrößten Unternehmen in Deutschland. Das Kapitel *Die Durchführung* schildert den Ablauf der Untersuchung und die Erstellung des Fragebogens. Das Kapitel *Die Ergebnisse* stellt die Antworten auf die Fragen in graphischer und verbaler Form ausführlich dar und interpretiert diese. Das abschließende Kapitel *Schlußfolgerungen und Ausblick* zeigt mögliche Konsequenzen und Entwicklungstendenzen für die Akquisitionspraxis auf.

2 Zentrale Ergebnisse

Im folgenden werden die zentralen Aussagen der Untersuchung kurz zusammengefaßt. Eine ausführliche Erläuterung der Fragestellungen und der Auswertungen der Antworten im einzelnen erfolgt im Kapitel *Die Ergebnisse*, in welchem die Ergebnisse graphisch aufbereitet und interpretiert werden.

Verbreitungsgrad der Due Diligence

Im Zeitraum 1997 bis 2000 akquirierten 218 antwortende Käuferunternehmen 1.932 deutsche Zielunternehmen. In 1.432 Fällen (74%) fand eine Due Diligence statt. 65% der Käuferunternehmen führen bei allen Akquisitionen eine Due Diligence durch. Der arithmetische Mittelwert des Anteils von Akquisitionen mit Due Diligence über alle Käuferunternehmen liegt bei 79%.

Vorrangiges Ziel bzw. Schwerpunkt der Due Diligence

Mit 45% entfällt die häufigste Nennung bei der Frage nach dem vorrangigen Ziel bzw. dem Schwerpunkt der Due Diligence auf die Aufdeckung von Risiken im Zielunternehmen. Die Wert- bzw. Kaufpreisbestimmung, die Analyse des Unternehmens sowie die Bestimmung der Synergieeffekte rangieren deutlich dahinter.

Vereinbarungen vor der Due Diligence

Bei 87% der Akquisitionen wird vor der Due Diligence eine Vertraulichkeitserklärung und bei 64% ein Letter of Intent unterzeichnet; ein Kaufpreisangebot liegt in 27% der Fälle vor. Die häufigste Kombination ist mit 42% die Vertraulichkeitserklärung in Verbindung mit einem Letter of Intent.

Dauer der Due Diligence

Die mittlere Dauer einer Due Diligence beträgt 16 Tage, davon zu ca. 50% im Zielunternehmen. Die Dauer der Diligence ist (z.T. schwach) positiv mit der Anzahl der Mitarbeiter, dem Umsatz sowie der Bilanzsumme des Zielunternehmens korreliert.

Teilreviews und Zusammensetzung des Due Diligence-Teams

Am häufigsten vertreten ist die Financial & Tax Due Diligence mit 95%, gefolgt von der Legal Due Diligence mit 90% sowie der Strategy & Market Due Diligence mit 85%. Diese Teilreviews werden auch am intensivsten bearbeitet (gemessen in Manntagen).

An der Due Diligence beteiligt sind überwiegend Mitarbeiter des Käuferunternehmens. Diese bringen 53% der insgesamt geleisteten Manntage auf. Auf die externen Berater und Prüfer entfällt ein Anteil von 30% und auf die Mitarbeiter des Zielunternehmens 17%.

Informationsquellen der Due Diligence

Die höchste Bedeutung wird Gesprächen mit Mitarbeitern des Zielunternehmens, gefolgt von Betriebsbesichtigungen und Präsentationen des Managements beigemessen. Der Grad der Offenlegung von schriftlichen Dokumenten des Zielunternehmens ist hoch, allerdings werden die meisten Unterlagen erst auf Anfrage des Käufers zur Verfügung gestellt.

Instrumente der Due Diligence

Checklisten werden zu 83% im Rahmen der Due Diligence eingesetzt und weisen durchschnittlich 119 Positionen auf. Die größte Einzelnennung bei der Frage nach sonstigen eingesetzten Instrumenten entfällt mit 35% auf Planungs- und Bewertungsprogramme.

Wirtschaftliche und wirtschaftsrechtliche Relevanz der Due Diligence

Der Kaufpreis verringert sich zu 67% und der Unternehmenswert zu 54% in bzw. aufgrund der Due Diligence. 78% der Käuferunternehmen messen der Due Diligence keinen oder geringen Einfluß auf die Identifizierung strategischer Potentiale des Zielunternehmens bei. Die Relevanz der Due Diligence für den Kaufvertrag wird hingegen überwiegend groß bis sehr groß eingeschätzt.

Kosten der Due Diligence

Die Kosten der Due Diligence betragen durchschnittlich 421 TDM bei einem Median von 150 TDM. Bei 70% aller Akquisitionen handelt es sich um einen Betrag von unter 1% des Kaufpreises.

Berichterstattung über die Due Diligence

Durchschnittlich werden drei Berichte über Teilreviews bzw. die gesamte Due Diligence erstellt. Die häufigste Nennung entfällt auf den Gesamtbericht, der bei 76% aller Due Diligences angefertigt wird, gefolgt von dem Bericht über die Financial Due Diligence und die Legal Due Diligence. Der Umfang der Berichterstattung insgesamt variiert zwischen 23 (25%-Quartil) und 100 Seiten (75%-Quartil).

3 Die Datenbasis

3.1 Unternehmenstransaktionen in Deutschland

3.1.1 Datenquellen und Erfassungsmethoden

Im Rahmen der Konzipierung einer empirischen Untersuchung über die Durchführung der Due Diligence bei Unternehmensakquisitionen muß zunächst die Grundgesamtheit der Untersuchung bestimmt werden. Hieraus ergibt sich eine Reihe von Schwierigkeiten bei der Identifizierung der zu befragenden Unternehmen. Im deutschen M&A-Markt besteht hinsichtlich der getätigten Unternehmenstransaktionen keine vollständige Transparenz, da keine Statistik existiert, die sämtliche Akquisitionen erfaßt.[7] Eine grundsätzliche Meldepflicht für getätigte Unternehmenstransaktionen gibt es im deutschen Recht nicht. Nur bei Überschreitung gewisser Schwellenwerte muß eine Meldung an das Bundeskartellamt bzw. an die EG-Fusionskontrolle erfolgen.[8]

Die wirtschaftsrechtlichen Rahmenbedingungen sowie die Unternehmenslandschaft in Deutschland - mit dem hohen Anteil an (mittelständischen) Familienbetrieben[9] und dem geringen Anteil an börsennotierten Unternehmen - sind auch die wesentlichen Charakteristika des deutschen M&A-Marktes.[10]

Die deutsche Unternehmenslandschaft ist durch einen hohen Anteil an Einzelunternehmen bzw. Personengesellschaften (83,0%) und einen geringen Anteil an Kapitalgesellschaften geprägt (15,3%), Abbildung 1. Der erzielte durchschnittliche Umsatz pro Rechtsform ist ein Kriterium zur Bestimmung der Unternehmensgröße pro Rechtsform. Nach den Durchschnittswerten der Tabelle in Abbildung 1 können die Unternehmen in der Rechtsform der AG den großen Unternehmen zugeordnet werden, die KG den mittelgroßen und die übrigen Rechtsformen den kleinen Unternehmen.[11]

---

7 Vgl. *Gerpott, T. J.* (1993), S. 277.

8 Vgl. *Frank, G.-M.* (1993), S. 17. und *Bechtold, R.* (1999), S. 485.

9 Nach einer Studie des Instituts für Mittelstandsforschung (IfM) und der Wirtschaftsprüfungsgesellschaft Ernst & Young sind knapp 85% der Industrieunternehmen in Deutschland Familienbetriebe, vgl. *o.V.* (2001), S. 28.

10 Vgl. *Müller-Stewens, G.; Spickers, J.; Deiss, C.* (1999), S. 7.

11 Der Umsatz wird als Hauptmerkmal zur Bestimmung der Unternehmensgröße herangezogen. Bei der Einteilung der Rechtsformen in Größenklassen ist zu beachten, daß hier eine Durchschnittsbetrachtung zugrunde liegt. Somit sind nur Pauschalaussagen möglich. Für

Somit ist ein hoher Anteil der deutschen Unternehmen, wie etwa die Personengesellschaften, aufgrund der Rechtsform bzw. der Größe nicht publizitätspflichtig.[12]

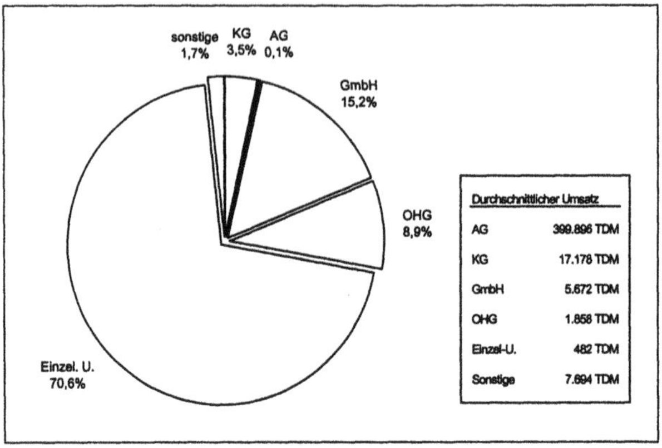

Abbildung 1: Unternehmen in Deutschland nach Rechtsformen[13]

Die tatsächlich getätigten Unternehmenstransaktionen in Deutschland lassen sich aus den zuvor genannten Gründen nicht exakt identifizieren. Für die Identifizierung der getätigten Unternehmenstransaktionen steht jedoch eine beschränkte Anzahl von Datenbanken zur Verfügung. Die Anzahl der in diesen für die Jahre 1997 bis 1999 erfaßten Unternehmenstransaktionen sind in Abbildung 2 dargestellt. Wie ersichtlich, differieren die Zahlen zum Teil erheblich. Ein Grund hierfür sind die unterschiedlichen Erfassungs- und Auswertungsmethoden.

Eine genaue Abgrenzung der Datenquellen hinsichtlich der erfaßten Unternehmenstransaktionen ist aufgrund fehlender Spezifizierung und Recherchemöglichkeiten in den Datenbanken nicht erreichbar. Es lassen sich jedoch aus den Erfassungsmethoden und den in Abbildung 2 erfaßten Transaktionszahlen der jeweiligen Datenquellen Überlegungen bzgl. der möglichen Abgrenzung der Erfassungsspektren anstellen, wie dies in Abbildung 3 dargestellt wird.

---

die Einteilung wurden die Größenklassen für Kapitalgesellschaften gem. § 267 HGB herangezogen.

12 Vgl. *Müller-Stewens, G.; Spickers, J.; Deiss, C.* (1999), S. 8. Zu den Kriterien zur Publizitätspflicht von Unternehmen siehe § 1 PublG.

13 Eigene Darstellung auf der Datengrundlage der Umsatzsteuerstatistik 1999 des statistischen Bundesamtes (erhältlich unter www.statistik-bund.de). Die Rechtsformen Erwerbs- und Wirtschaftsgenossenschaften, betrieblicher gewerblicher Art von Körperschaften des öffentlichen Rechts sowie sonstige juristische Personen des privaten Rechts sind unter der Rubrik „Sonstige“ zusammengefaßt.

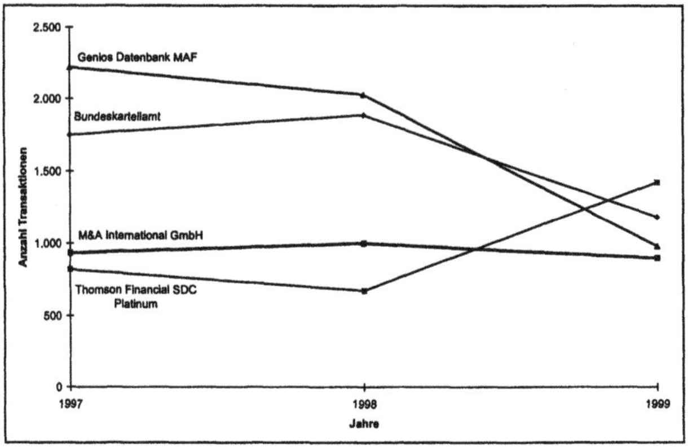

Abbildung 2: Unternehmenstransaktionen in Deutschland[14]

Die Statistik des Bundeskartellamtes liefert durch die gesetzliche Anzeigepflicht einen genauen Ausschnitt der getätigten Unternehmenstransaktionen des Segments der anzeigepflichtigen Zusammenschlüsse.[15] Alle außerhalb der Schwellenwerte liegenden Unternehmenstransaktionen bleiben unberücksichtigt. Inwieweit die Erfassung der Genios Datenbank MAF (M&A-Review Database), der SDC Platinum und der M&A International hinsichtlich der Anzahl sowie der Art der Transaktionen über die Daten des Bundeskartellamtes hinausgeht, läßt sich nicht exakt quantifizieren.

[14] Die Quellen M&A-Review Database, M&A International und SDC Platinum enthalten deutsch-deutsche Transaktionen, diejenige des Bundeskartellamtes die nach § 23 GWB angezeigten vollzogenen Zusammenschlüsse und damit auch Transaktionen mit Auslandsbezug. Diese konnten von uns nicht von den rein deutsch-deutschen Unternehmenstransaktionen separiert werden.

Die M&A International GmbH registriert in einer Datenbank mittels systematischer statistischer Auswertung alle publizierten Mehrheitsübernahmen mit deutscher Beteiligung, vgl. *M&A International* (2000). Als Quellen der Erfassung wurden pauschal „alle uns zugänglichen veröffentlichten Daten“ angegeben.

[15] Das Segment stellt die anzeigepflichtigen Zusammenschlüsse dar, die zum Beispiel den Zusammenschlußtatbestand erfüllen oder eine Anteilshöhe von 25% bzw. 50% überschreiten und über dem Schwellenwert der deutschen bzw. unter dem Schwellenwert der EG-Fusionskontrolle liegen.

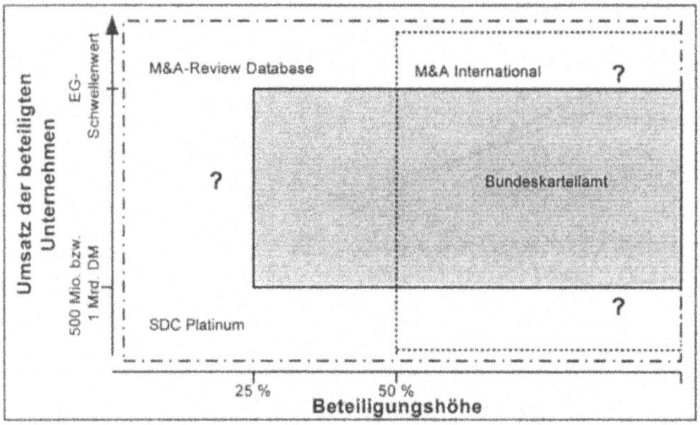

Abbildung 3: Erfassungsspektren der Datenquellen

In Abbildung 3 werden die Datenquellen anhand der zuvor dargestellten Erfassungsmethoden im Hinblick auf die Beteiligungshöhe und den Umsatz der beteiligten Unternehmen in Beziehung zueinander gesetzt.[16]

3.1.2 M&A-Review Database

Die M&A Firmendatenbank (MAF) des Recherchedienstanbieters Genios basiert auf der Datengrundlage der M&A-Review Database.[17] In dieser Datenbank des Instituts für Betriebswirtschaft von Prof. Dr. Günter Müller-Stewens an der Universität St. Gallen[18] sind Daten über Unternehmenstransaktionen erfaßt, die sich auf systematische Auswertungen national und international publizierter Unternehmenstransaktionen beziehen.[19] In der M&A-Review Database werden ne-

[16] Der Erwerb des Vermögens eines anderen Unternehmens ganz oder im wesentlichen Teil ist in dieser Abbildung mit einer Beteiligungshöhe von 100% gleichzusetzen.

[17] Der Genios Infodienst ist ein professioneller Recherchedienstanbieter, der weltweit über 5.000 Datenbanken zur Informationssuche im Internet gegen Entgelt anbietet. Die Datenbanken sind nach verschieden Sparten wie Wirtschaft, Finanzen & Börse, Recht & Gesetz, Marken & Werbung, Dossiers und Service gegliedert (vgl. www.genios.de).

[18] Informationen im Internet unter www.ifb.unisg.ch.

[19] Die folgenden Pressequellen werden bzgl. M&A-Transaktionen systematisch gesichtet: Acquisitions Monthly, Bilanz, Börsenzeitung, Bundeskartellamts-Veröffentlichungen im Bundesanzeiger, Die Zeit, Financial Times, Frankfurter Allgemeine Zeitung, Handelsblatt, Handelszeitung, Independent Research, M&A International, Manager Magazin, Neue Züricher Zeitung, Ostwirtschaftsreport, Süddeutsche Zeitung, Trend, The Economist, VDI-Nachrichten, Wirtschaftswoche; vgl. *M&A-Review* (1999), S. 537.

ben den vom Bundeskartellamt bekanntgegebenen Zusammenschlüssen hinaus Unternehmenstransaktionen[20] unabhängig von der erreichten Beteiligungshöhe erfaßt. Im Gegensatz zur Statistik des Bundeskartellamtes sind daher auch Transaktionen mit einer Beteiligung von weniger als 25% in der Datenbank vertreten. Unabhängig von der Höhe des Umsatzes der beteiligten Unternehmen können auch kleinere - unter den Schwellenwerten der deutschen Fusionskontrolle liegende - Transaktionen sowie größere - über den Schwellenwerten der EG-Fusionskontrolle liegende - Transaktionen berücksichtigt sein.[21] In der M&A-Review Database werden nicht nur Transaktionen mit deutscher Beteiligung erfaßt, sondern auch Unternehmenstransaktionen im Ausland.

Für die Bestimmung der Grundgesamtheit der Untersuchung wurde zunächst die M&A-Review Database ausgewählt, da sie aufgrund fehlender Schwellenwerte ein großes Erfassungsspektrum besitzt, so daß auch kleinere publizierte Transaktionen in der Datenbank enthalten sind.

Die Datensätze der für die Jahre 1997, 1998 und 1999 erfaßten Unternehmenstransaktionen wurden von M&A-Review Database aus St. Gallen zur Verfügung gestellt.[22] Die Auswahl bzw. Filterung erfolgte aus der gesamten M&A-Review Database. Es wurden alle Datensätze ausgewählt, die folgende Kriterien erfüllen:

- Transaktionsdatum zwischen dem 01.01.1997 und dem 31.12.1999, sowie
- Deutschland als Sitzland von Käuferunternehmen und Zielunternehmen.

Unter Anwendung dieser Filterkriterien wurden insgesamt 4.572 Datensätze ermittelt. Einen Überblick über die Zusammensetzung dieser Datensätze nach der Rechtsform des Käuferunternehmens gibt Abbildung 4.[23]

---

[20] Zu Unternehmenstransaktionen werden in der M&A-Review Database Unternehmensgründungen (Joint Ventures), Aufstockungen, Beteiligungen, Fusionen, Management-Buy-Outs usw. gezählt; vgl. Beschreibung der MAF-Datenbank bei Genios Internet-Dienste.

[21] Vgl. *Bamberger, B.* (1994), S. 17.

[22] Die Datensätze wurden dem Forschungsprojekt kostenlos zur Verfügung gestellt. Wir bedanken uns hierfür bei Herrn Prof. Dr. Günter Müller-Stewens sowie Herrn Dipl.-Oec. Kai-Christian Muchow vom Institut für Betriebswirtschaft der Universität St. Gallen.

[23] Bei der Rechtsform-Bezeichnung „PersG" handelt es sich um eine GmbH & Co., mithin entweder eine KG oder eine OHG. Die Rubrik „Sonstige" enthält in dieser Aufstellung auch die unklaren, nicht näher identifizierbaren Rechtsformen.

Rechtsform	1997	1998	1999	Summe
AG	579	459	200	**1.238**
GmbH	1.044	691	155	**1.890**
KGaA	18	15	6	**39**
PersG	32	31	3	**66**
KG	258	249	43	**550**
OHG	26	11	6	**43**
Sonstige	254	164	47	**465**
Ausland		281		**281**
Summe	**2.211**	**1.901**	**460**	**4.572**

Abbildung 4: Struktur der empfangenen Daten der M&A-Review Database nach Jahr und Rechtsform des Käuferunternehmens

3.1.3 Bundeskartellamt

Das Bundeskartellamt registriert alle kartellrechtlich relevanten Unternehmenstransaktionen, die gemäß dem Gesetz gegen Wettbewerbsbeschränkungen (GWB) anzeige- bzw. genehmigungspflichtig sind. Als Voraussetzungen für die Anzeigepflicht von Unternehmenstransaktionen beim Bundeskartellamt sind das Vorliegen eines Zusammenschlußtatbestands sowie das Erreichen von Umsatzschwellen anzusehen.[24] Ein Zusammenschlußtatbestand nach der deutschen Fusionskontrolle liegt vor:[25]

- bei Erwerb des Vermögens eines anderen Unternehmens ganz oder in wesentlichen Teilen,
- bei Erreichen bzw. Überschreiten einer 25%- bzw. 50%-Beteiligung an einem Unternehmen.[26]

[24] Vgl. *Bechtold, R.* (1999), S. 490f. Zum 01.01.1999 ist die 6. GWB-Novelle in Kraft getreten. Diese Regelungen werden im folgenden als GWB n.F. bezeichnet, die Regelungen vor dem Inkrafttreten dagegen als GWB a.F.

[25] Vgl. *Bechtold, R.* (1999), S. 492. Im Gegensatz zu § 23 Abs. 2 GWB a.F. sind gemäß § 37 GWB n.F. zusätzlich der Kontrollerwerb gemäß § 37 Abs. 2 GWB n.F. und der unmittelbare oder mittelbare wettbewerbliche Einfluß gemäß § 37 Abs. 4 GWB n.F. zu den Zusammenschlußtatbeständen zu zählen. Das heißt, eine Beteiligung von unter 25% gilt als Zusammenschlußtatbestand und wird somit in der Statistik erfaßt, wenn hierdurch ein wettbewerblicher Einfluß sichtbar ist.

[26] Minderheitsbeteiligungen und Aufstockungen bestehender Unternehmensbeteiligungen, welche die Anteilsschwellen von 25% bzw. 50% überschreiten, werden berücksichtigt.

Zusammenschlüsse sind dem Bundeskartellamt anzuzeigen, wenn der weltweite Umsatz der beteiligten Unternehmen insgesamt eine Mrd. DM übersteigt. Zusätzlich muß mindestens ein beteiligtes Unternehmen in Deutschland einen Umsatz von mehr als 50 Mio. DM erzielen.[27] Grundsätzlich werden vom Bundeskartellamt Zusammenschlüsse nicht erfaßt, die in die Zuständigkeit der EG-Fusionskontrolle fallen. Der maßgebliche Schwellenwert liegt bei 5 Mrd. Euro weltweitem Gesamtumsatz aller an der Transaktion beteiligten Unternehmen. In der Statistik des Bundeskartellamtes werden eher größere Transaktionen erfaßt. Somit geben diese Zahlen nur einen Ausschnitt der tatsächlich getätigten Unternehmenstransaktionen wieder.

Durch die gesetzlichen Regelungen zur Anzeige- bzw. Genehmigungspflicht nach dem GWB besteht kein Zweifel an der Zuverlässigkeit der Statistik des Bundeskartellamtes. Die Daten lassen sich relativ problemlos durch systematische Durchsicht der monatlichen Bekanntmachungen im Bundesanzeiger beschaffen.[28] Allerdings ist die deutsche Unternehmenslandschaft und damit das Akquisitions- und Fusionsgeschehen auch durch den Mittelstand geprägt und daher aufgrund der Größenkriterien des GWB in der Statistik des Bundeskartellamtes unterrepräsentiert.

Rechtsform	**1998**	**1999**	**2000**	**Summe**
AG	11	124	74	**209**
GmbH	20	219	128	**367**
KGaA		1		**1**
PersG		2	2	**4**
KG	10	85	54	**149**
OHG	1	12	2	**15**
Sonstige	5	30	13	**48**
Summe	**47**	**473**	**273**	**793**

Abbildung 5: Zusätzliche Datensätze aus Veröffentlichungen des Bundeskartellamtes[29]

[27] Vgl. § 35 Abs. 1 GWB n.F. und § 23 Abs. 1 GWB a.F.

[28] Vgl. *Gerpott, T. J.* (1993), S. 278.

[29] Die 47 für 1998 verzeichneten Datensätze stammen von in 1999 vom Bundeskartellamt veröffentlichten Transaktionen, die in der M&A-Review Database weder für 1998 noch 1999 verzeichnet waren.

Die Datensätze der M&A-Review Database (Abbildung 4) wurden um die Veröffentlichungen des Bundeskartellamtes im Bundesanzeiger ergänzt, um die Jahre 1999 und 2000 möglichst vollständig zu erfassen.[30] Abbildung 5 gibt einen Überblick über die auf diese Weise zusätzlich erfaßten Datensätze deutsch-deutscher Transaktionen.

3.1.4 SDC Platinum

Die Datenbank SDC Platinum der Thomson Financial Securities Data GmbH, Frankfurt, erfaßt Unternehmenstransaktionen weltweit ohne spezielle Beschränkungen der Beteiligungshöhe und/oder des Transaktionsvolumens.[31] Die in Abbildung 2 dargestellte Anzahl von Transaktionen beschränkt sich auf deutsche Käuferunternehmen und deutsche Zielunternehmen.

Im August 2000 wurde eine Abfrage in der Datenbank SDC Platinum durchgeführt. Kriterien waren hierbei der Zeitraum 1997 bis 2000 sowie Deutschland als Land des Rechtssitzes von Käufer- und Zielunternehmen. Die Abfrage lieferte 3.926 Datensätze, von denen 821 (674, 1.422, 1.009) Datensätze aus dem Jahre 1997 (1998, 1999, 2000) stammen.

Bei den 3.926 Datensätzen liegt eine große Überschneidung mit Datensätzen vor, die bereits in der M&A-Review Database bzw. den Bundeskartellamtsveröffentlichungen verzeichnet waren.[32] Diese Überschneidungen wurden im Verlauf der Arbeiten mit der eigenen, konsolidierten Datenbank identifiziert und nur die zusätzlichen Käuferunternehmen übernommen, die nicht bereits erfaßt waren.

---

[30] Es handelte sich um die Veröffentlichungen des Bundeskartellamtes im Bundesanzeiger: 5/99, 7/99, 23/99, 30/99, 40/99, 57/99, 73/99, 76/99, 82/99, 89/99, 101/99, 114/99, 144/99, 154/99, 51/00 sowie drei weitere Veröffentlichungen, die von Seiten des Bundeskartellamtes zur Verfügung gestellt wurden.

[31] Laut Thomson Financial Securities Data GmbH sind dort mehr als 273.000 Transaktionen und mehr als 1.400 detaillierte Informationen enthalten wie z.B. Käufer- und Objektprofil, Transaktionsvolumen, Transaktionsbedingungen usw. (www.tfsd.com).

[32] Die mit 1.009 gegenüber dem Bundeskartellamt höhere Anzahl Transaktionen im Jahre 2000 beruht auf einer zeitnäheren Erfassung der Transaktionen in SDC Platinum. In dieser werden die Transaktionen im Zeitpunkt der Bekanntgabe erfaßt, in den Veröffentlichungen des Bundeskartellamtes mit einiger zeitlicher Verzögerung.

3.2 Befragte Unternehmen

3.2.1 Akquirierende Unternehmen in Deutschland

Abbildung 6 zeigt den Stand der eigenen Datenbank nach Übernahme der Datensätze der M&A-Review Database sowie der durch das Bundeskartellamt veröffentlichten Transaktionen.[33] In der Summe liegen 5.365 deutsch-deutsche M&A-Transaktionen vor.

Rechtsform	1997	1998	1999	2000	Summe
AG	579	470	324	74	**1.447**
GmbH	1.044	711	374	128	**2.257**
KGaA	18	15	7		**40**
PersG	32	31	5	2	**70**
KG	258	259	128	54	**699**
OHG	26	12	18	2	**58**
Sonstige	254	169	77	13	**513**
Ausland		281			**281**
Summe	**2.211**	**1.948**	**933**	**273**	**5.365**

Abbildung 6: Datenbank nach Übernahme der Datensätze aus M&A-Review Database und den Veröffentlichungen des Bundeskartellamtes

Nicht in die Grundgesamtheit sollten Unternehmensgründungen eingehen. Dieses Kriterium wiesen insgesamt 860 Datensätze auf. Nach dieser Filterung lagen damit 4.505 Datensätze über Unternehmenskäufe vor, bei denen sowohl das Käufer- als auch das Zielunternehmen seinen Rechtssitz in Deutschland hat.

Da jedes Unternehmen nur einmal angeschrieben werden sollte, mußten in einem nächsten Schritt die unterschiedlichen Käuferunternehmen identifiziert werden. Ergebnis waren 2.831 verschiedene Käuferunternehmen.

[33] Die Datensätze aus SDC Platinum sind in dieser Zusammenstellung nicht enthalten. Aus SDC Platinum wurden später lediglich die Käuferunternehmen, die in keinem der Datensätze aus M&A-Review Database bzw. den Veröffentlichungen des Bundeskartellamtes verzeichnet waren, in die Zusammenstellung der angeschriebenen Unternehmen übernommen.

Zusätzlich sollten konzerninterne Transaktionen ausgeschlossen werden, da bei diesen aufgrund der bereits vorliegenden Kenntnisse über das Zielunternehmen von einem anderen Due Diligence-Prozeß auszugehen ist. Diese konzerninternen Transaktionen lassen sich nicht zweifelsfrei selektieren; abgestellt wurde auf die gleiche Firma von Käufer- und Zielunternehmen als Ausschlußkriterium. Durch diese Bedingung reduzierte sich die Zahl von 2.831 auf 1.799 verschiedene Käuferunternehmen. Um diese Unternehmen anschreiben zu können, mußte schließlich deren Adresse festgestellt werden. Hierdurch reduzierte sich die Zahl nochmals auf 1.318 Käuferunternehmen.

Durch die zusätzliche Übernahme der Datensätze aus der Datenbank SDC Platinum konnten noch 491 weitere Käuferunternehmen identifiziert werden, für die eine Adresse recherchierbar war.

Grundlage für die Untersuchung waren somit 1.809 deutsche Käuferunternehmen, die im Zeitraum von 1997 bis 2000 mindestens ein deutsches Zielunternehmen übernommen hatten. An diese 1.809 Unternehmen wurde ein Fragebogen verschickt.

3.2.2 Umsatzgrößte Unternehmen in Deutschland

Neben den eindeutig als Käuferunternehmen identifizierten Unternehmen wurden zusätzlich die umsatzgrößten Unternehmen Deutschlands in die Untersuchung mit einbezogen. Der Grund hierfür ist, daß die M&A-Datenbanken Auswertungen von Presseveröffentlichungen durchführen bzw. die Daten des Bundeskartellamtes übernehmen und damit keine vollständige Erhebung aller Transaktionen in Deutschland gewährleisten können. Gerade für die mittelständisch geprägte Unternehmenslandschaft in Deutschland läßt sich vermuten, daß bei Fehlen einer Verpflichtung zur Veröffentlichung von Akquisitionen diese oftmals auch nicht freiwillig publiziert werden.

Eine Datenbank, in der alle Unternehmen Deutschlands mit ihrem Umsatz erfaßt sind, existiert nicht. Die Recherche wurde anhand der Hoppenstedt-CD-ROM Großunternehmen des Hoppenstedt Verlages, Darmstadt, durchgeführt.[34]

---

[34] Es handelte sich um die Ausgabe 1/2000. In dieser sind 23.500 Porträts der größten deutschen Unternehmen enthalten, deren Umsatz mindestens 20 Mio. DM beträgt bzw. bei denen mehr als 150 Beschäftigte tätig sind, vgl. Buch-CD Hilfe, Einführung in die Buch-CD-Anwendung. Banken werden ab 700 Mio. DM Bilanzsumme und Versicherungen ab 70 Mio. DM Prämieneinnahmen aufgenommen.

In einem mehrstufigen Verfahren wurden die umsatzgrößten Unternehmen selektiert, die nicht bereits als Käuferunternehmen identifiziert und daher in der Datenbank enthalten waren. Letztlich wurden nach dem Umsatzkriterium 2.117 Unternehmen in die Grundgesamtheit mit aufgenommen. Erfaßt wurden damit alle Unternehmen aus der Hoppenstedt-Datenbank Großunternehmen mit einem Umsatz von über 240 Mio. DM.

3.2.3 Anzahl und Rechtsformen der befragten Unternehmen

In Abbildung 7 sind die angeschriebenen Unternehmen, sortiert nach der Rechtsform einerseits und nach der Zugehörigkeit zur Gruppe der umsatzgrößten Unternehmen (nachfolgend kurz 'Gruppe Umsatz' genannt) bzw. zur Gruppe der identifizierten Käuferunternehmen (nachfolgend kurz 'Gruppe Käufer' genannt) andererseits, zusammengestellt. Diese Zusammenstellung diente auch für die Berechnung der nach den beiden Gruppen getrennt ausgewiesenen Rücklaufquote (Abbildung 9).

Rechtsform	**Gruppe Umsatz** (1)	M&A-Review/ BKartA (2)	SDC Platinum (3)	**Gruppe Käufer** (4)=(2)+(3)	**Summe Umsatz/Käufer** (5)=(1)+(4)
AG	**411**	400	191	**591**	**1.002**
GmbH	**1.093**	610	189	**799**	**1.892**
KGaA	**7**	9	2	**11**	**18**
KG	**507**	241	71	**312**	**819**
OHG	**17**	10	2	**12**	**29**
Sonstige	**82**	48	36	**84**	**166**
Summe	**2.117**	1.318	491	**1.809**	**3.926**

Abbildung 7: Zusammensetzung der angeschriebenen Unternehmen

4 Die Durchführung

4.1 Ablauf der Untersuchung

Um eine erfolgreiche Durchführung der Untersuchung zu gewährleisten, wurde vorab ein Projektplan erstellt, der die auszuführenden Tätigkeiten, ihre Dauer sowie die Fertigstellungstermine umfaßt.[35]

Die mit der Durchführung des Projektes verbundenen Haupttätigkeiten können in die Grundblöcke: Aufbau der Datenbank, Erstellung des Fragebogens sowie Auswertung der beantworteten Fragebögen strukturiert werden.

Der *Aufbau der Datenbank* setzte sich aus den Tätigkeiten zur Beschaffung und Aufbereitung resp. Modifizierung der Informationen über die zu befragenden Unternehmen zusammen (vgl. das Kapitel *Die Datenbasis*). Diese wurden aus der M&A-Review Database, den Veröffentlichungen des Bundeskartellamtes sowie der Datenbank SDC Platinum gewonnen. Die Datensätze dieser Datenquellen wurden in ein einheitliches Dateiformat übernommen und konsolidiert. Hierbei mußten zunächst die Mehrfacherfassungen ausgesondert werden. In einem weiteren Schritt wurden die unterschiedlichen Käuferunternehmen gefiltert sowie deren Adresse und die Namen der Geschäftsführung recherchiert. Ergänzend wurden die umsatzgrößten Unternehmen Deutschlands identifiziert, wie sie sich aus der Datenbank Hoppenstedt-Großunternehmen ergeben.

Im *Fragebogenblock* sind alle Tätigkeiten bezüglich der Konzeption des Fragebogens, der Befragung von Experten zum Inhalt des Fragebogens und der Erstellung der Endversion des Fragebogens zusammengefaßt (vgl. das Kapitel *Die Durchführung*).

Der *Auswertungsblock* umfaßt die Arbeiten der Datenerfassung der zurückgesendeten Fragebögen sowie die statistische Auswertung der Antworten in den Fragebögen (vgl. das Kapitel *Die Ergebnisse*). Für den erfolgreichen Ablauf des Projektes war eine fortlaufende Dokumentation und Überwachung notwendig. Der vorliegende Projektbericht wurde auf der Grundlage dieser Dokumentation erstellt.

---

[35] Vgl. *Becker, J.; Kahn, D.; Wernsmann, C.* (2000), S. 18ff.

4.2 Erhebungsmethode

4.2.1 Struktur der Datenerhebung

Die Datenerhebung erfolgte in Form einer vollkommen normierten schriftlichen Befragung durch einen Fragebogen, der postalisch zugestellt wurde.[36] Für die Wahl dieser Erhebungsmethode im Gegensatz zu mündlichen Befragungen (Interviews) sprechen folgende Gründe:[37]

- Die breitere Erhebungsbasis, die für die Ableitung repräsentativer Aussagen wichtig ist.
- Die geringeren Kosten der Befragung, da die Fragebögen deutschlandweit zu relativ niedrigen Kosten verschickt werden können.
- Eine zeitlich straffere Planung des organisatorischen Erhebungsablaufs, da keine Termine mit Interviewpartnern vereinbart werden müssen.
- Die Anonymität kann zugesichert werden, da kein persönlicher Kontakt stattfindet.
- Kein Einfluß durch den Interviewer auf die Beantwortung der Fragen.

Durch die gewählte breite Datenerhebungsbasis konnten Befragungen in ganz Deutschland durchgeführt werden. Als Nachteil einer schriftlichen Befragung ist die mögliche geringe Rücklaufquote zu nennen.

Die schriftliche Befragung bestand aus folgenden Elementen:

- Anschreiben (vgl. Anlage 1).
- Beschreibung des Forschungsprojektes (vgl. Anlage 2).
- Fragebogen (vgl. Anlage 3).
- Aufsatz zum Thema Due Diligence als Hintergrundinformation (vgl. Anlage 4).
- Rückkuvert.

Im *Anschreiben* wurden wesentliche Aspekte wie das Erkenntnisziel der Studie, die Wichtigkeit des Befragten, die Zusicherung der Anonymität sowie ein Dank für die Teilnahme an der Untersuchung aufgenommen. In der *Beschreibung des Forschungsprojektes* wurde speziell noch einmal der empirische Forschungsbedarf sowie das Ziel der Befragung hervorgehoben. Im *Fragebogen* wurden Unternehmensdaten erhoben, die der Befragte evtl. als sensibel einschätzen könnte. Daher wurden im Fragebogen keine Daten erhoben, die direkte Rückschlüsse auf die Namen der Beteiligten zulassen.

---

36 Zu den verschiedenen Befragungsmethoden vgl. *Laatz, W.* (1993), S. 103ff.

37 Vgl. auch *Frasch, G.* (1987), S. 1ff. und *Laatz, W.* (1993), S. 108f.

4.2.2 Adressaten

Mit der Entscheidung für eine schriftliche Befragung ist die Wahl der Auskunftsgruppe verknüpft, die von zentraler Bedeutung für den Erfolg der Untersuchung ist. Für die Befragung wurde der Vorsitzende des Vorstandes bzw. der Geschäftsführung des Käuferunternehmens als Adressat festgelegt. Die folgenden Überlegungen führten zu dieser Entscheidung:

- Die Due Diligence wird in den häufigsten Fällen von Seiten des Erwerbers durchgeführt, so daß die Wahl der Auskunftsgruppe auf den Erwerber begrenzt wurde.
- Die zu befragenden Personen sollten in der Lage sein, die benötigten Informationen bzgl. der betrachteten Transaktion möglichst unverfälscht und komplett bereitzustellen bzw. bereitstellen zu lassen.
- Die befragten Personen sollten eine zentrale Rolle bei der Planung und Koordination der Durchführung der Due Diligence eingenommen haben, so z.B. die Position eines Due Diligence-Teamleiters. Je nach Ausgestaltung der Due Diligence ist eine derartige Position nicht festgelegt. Eine zentrale Stellung bei einer Unternehmensakquisition nimmt das Management bzw. der für Unternehmensakquisitionen Verantwortliche des Erwerbers ein.
- Für den Fall, daß das Management nicht unmittelbar an der Due Diligence beteiligt war, besteht die Möglichkeit, den Fragebogen an die entsprechende Person, die an der Durchführung beteiligt war und/oder Einsicht in entsprechende Unterlagen besitzt, zu delegieren. Im Anschreiben wurde darum gebeten, in diesem Fall den Fragebogen entsprechend weiterzuleiten.

4.2.3 Messung der Variablen

Die Fragen eines Fragebogens sind die Meßinstrumente der Ausprägungen einer empirischen Untersuchung. Die Antworten können auf unterschiedlichen Meßniveaus gemessen werden, die die Auswertung der Untersuchungsergebnisse determinieren.[38]

---

[38] Vgl. *Holm, K.* (1975), S. 37. Die verschiedenen Skalenniveaus bilden eine hierarchische Ordnung von nominal bis rational. Eine Antwort auf höherem Skalenniveau kann also auf ein niedrigeres Skalenniveau transformiert werden, jedoch nicht umgekehrt; vgl. *Stier, W.* (1999), S. 42 und *Laatz, W.* (1993), S. 353. Die Planung der empirischen Untersuchung erfordert folglich auch die Planung der verschiedenen Skalierungsniveaus, damit die Auswertung mittels der geeigneten Auswertungsinstrumente erfolgen kann.

Im Fragebogen fanden die folgenden Skalen[39] Verwendung:

Bei Merkmalen, deren Ausprägungen in keine Reihenfolge zu setzen sind und die gleichberechtigt nebeneinander stehen, findet die *Nominalskala* Anwendung. Im Fragebogen wurden z.B. die Klassifikationen nach der Rechtsform, der Branche und dem Erwerbsverfahren auf Nominalskalenniveau abgefragt.

Bei der *Ordinalskala* können Merkmalsausprägungen, die in einer natürlichen Rangfolge stehen, durch eine „größer als"-Beziehung in eine Reihenfolge gebracht werden. Jedoch können auf diese Weise keine Aussagen über die jeweiligen Abstände gemacht werden. Im Rahmen der Untersuchung wurden z.B. der Einfluß der Due Diligence auf den Kaufpreis und den Unternehmenswert auf Ordinalskalenniveau erhoben.

Im Gegensatz zur Ordinalskala können bei der *Intervallskala* auf Grundlage einer Meßeinheit die Merkmalsausprägungen durch die Identifizierung der Abstände zwischen den jeweiligen Ausprägungen in eine Reihenfolge gebracht werden.

Die *Verhältnisskala* bzw. *Ratioskala* ist zusätzlich zu den Eigenschaften der Intervallskala durch einen absoluten Nullpunkt gekennzeichnet. Zeitliche Dimensionen wie etwa die Dauer der Due Diligence und des Transaktionsprozesses sowie die Kosten der Due Diligence wurden auf dem Verhältnisskalenniveau gemessen.

Die Auswertung der Antworten ist abhängig vom gewählten Skalenniveau der Variablen. Für die deskriptive Statistik einer Variablenausprägung sind als geläufige Maßzahlen das Lagemaß sowie das Streuungsmaß heranzuziehen. Der Zusammenhang zwischen mehreren Variablen kann durch Zusammenhangsmaße beschrieben werden.[40] Bei mehrdimensionalen Ausprägungen wird der Zusammenhang zwischen mehreren Variablenausprägungen bzw. Merkmalen geprüft. Ausschlaggebend für die Wahl der Auswertungsmethode ist das niedrigste Skalenniveau der jeweils beteiligten Variablen.[41]

---

[39] Vgl. auch *Bleymüller, J.; Gehlert, G.; Gülicher, H.* (1996), S. 3f.

[40] Vgl. *Laatz, W.* (1993), S. 354f.

[41] Vgl. *Laatz, W.* (1993), S. 400ff.

4.3 Fragebogendesign und Pretest

Der Fragebogen als Datenerhebungsinstrument besteht aus einer Sammlung von Fragen, mit denen Erkenntnisse hinsichtlich des Untersuchungsziels gewonnen werden sollen.[42] Zu beachten sind gewisse Grundregeln bei der Erstellung wie z.B. Klarheit, Verständlichkeit, Neutralität und Eindeutigkeit der Fragen sowie des Aufbaus des Fragebogens.[43] Berücksichtigt wurden wesentliche Aspekte wie thematische Gliederung, Problemfokussierung, das Stellen vieler geschlossener und weniger offener Fragen sowie Erläuterungen zu Fachbegriffen.[44] Die Abbildung 8 gibt die Struktur des Fragebogens wieder.[45]

Der Fragebogenaufbau bezieht Kriterien der Fragebogendramaturgie, wie z.B. die Gewinnung und Erhaltung der Motivation und Konzentration der Befragten, sowie die Notwendigkeit der Führung des Befragten durch den Fragebogen ein. Das Kriterium der technischen Führung umfaßt die notwendigen Anleitungen bzw. Erklärungen sowie die klare Abfolge der Beantwortung der Fragen. Die optische Gestaltung des Fragebogens erfolgte in Broschürenform. Der Fragebogen gliedert sich bezüglich seiner Struktur in ein Deckblatt und den eigentlichen Hauptteil des Fragebogens.

Pretest durch Expertengespräche

Vor dem Versand des Fragebogens wurden Entscheidungsträger sowie Berater und Gutachter aus der Unternehmenspraxis zum Fragebogen befragt, die aufgrund ihrer Erfahrungen auf dem Gebiet Mergers & Acquisitions einen Beitrag zur Würdigung und Weiterentwicklung des Fragebogenentwurfs leisten sollten.

Auf diese Weise sollte einerseits die Akzeptanz des Fragebogens erprobt werden und andererseits das Interesse der Akquisitionspraxis an bestimmten Fragestellungen zur Due Diligence direkt in den Fragebogen mit einfließen. Das Interesse an dem Projekt war erfreulich und die Bereitschaft, den Fragebogen vor dem Versand zu beurteilen, ausgeprägt. Insgesamt haben uns 13 Experten aus Industrieunternehmungen sowie Rechtsanwaltskanzleien und Wirtschaftsprüfungs- bzw. Steuerberatungsgesellschaften eine Begutachtung des Fragebogens zukommen lassen.[46]

---

[42] Vgl. *Stier, W.* (1999), S. 181.

[43] Vgl. *Kirschhofer-Bozenhardt, A.; Kaplitza, G.* (1975), S. 97ff.

[44] Vgl. *Gehrke, I.* (1999), S. 237.

[45] Der komplette Fragebogen befindet sich in Anlage 3.

[46] Der Dank gilt allen teilnehmenden Diskussionspartnern. Der Fragebogen hat durch die Expertenbefragung an Substanz und inhaltlicher Verständlichkeit gewonnen.

0 Einleitung und Informationen zu Ihrer Akquisitionstätigkeit
- 0-1 Anzahl erworbener Unternehmen
- 0-2 Anzahl durchgeführter Due Diligences
- 0-3 Anzahl durchgeführter Due Diligences ohne Akquisition

1 Informationen zu den beteiligten Unternehmen
- 1-1 Rechtsform der Unternehmen
- 1-2 Jahresabschluß-Kennzahlen der Unternehmen
- 1-3 Branchen der Unternehmen

2 Informationen zur Unternehmenstransaktion und zum Akquisitionsprozeß
- 2-1 Transaktionsart
- 2-2 Erwerbsverfahren
- 2-3 Dauer des Akquisitionsprozesses
- 2-4 Ziel/Schwerpunkt der Due Diligence
- 2-5 Vereinbarungen vor der Due Diligence
- 2-6 Beginn der Due Diligence
- 2-7 Dauer der Due Diligence

3 Zusammensetzung des 'Due Diligence-Teams'

4 Informationsquellen während der Due Diligence

5 Instrumente der Due Diligence
- 5-1 Verwendete Checklisten
- 5-2 Umfang der Checklisten
- 5-3 Unterstützende Instrumente der Due Diligence

6 Wirtschaftliche und wirtschaftsrechtliche Relevanz der Due Diligence
- 6-1 Abfolge von Due Diligence, Unternehmenswert- und Kaufpreisermittlung
- 6-2 Einfluß der Due Diligence auf Kaufpreis und Unternehmenswert
- 6-3 Einfluß der Due Diligence auf die Akquisitionsstrategie
- 6-4 Einfluß der Due Diligence auf den Kaufvertrag
- 6-5 Verhältnis der Due Diligence zu Garantien
- 6-6 Kosten der Due Diligence
- 6-7 Kaufpreishöhe

7 Dokumentation und Berichterstattung über die Due Diligence

Abbildung 8: Struktur des Fragebogens

4.4 Rücklaufquote

Am 18. September 2000 wurden die Fragebögen an 3.926 Unternehmen in Deutschland (Zusammensetzung siehe Abbildung 7) verschickt. Zur Steigerung der Rücklaufquote wurden Ende November 2000 199 Käuferunternehmen befragt, ob sie an dem Projekt durch Beantwortung des Fragebogens teilgenommen haben. Einige Unternehmen haben daraufhin das Ausfüllen des Fragebogens zugesagt bzw. um nochmalige Zusendung des Fragebogens gebeten. Inwieweit die Rücklaufquote hierdurch gesteigert werden konnte, kann nicht exakt quantifiziert werden, da die Rücksendungen anonym erfolgten.

Insgesamt wurden 442 Fragebögen von den Unternehmen zurückgesandt. Bei 3.926 verschickten Fragebögen ergibt dies eine Rücklaufquote von 11,3%. Diese läßt sich danach differenzieren, ob es sich um Unternehmen handelte, die aus den M&A-Datenbanken als Käuferunternehmen identifiziert wurden (Gruppe Käufer) oder über die Selektion der umsatzgrößten Unternehmen (Gruppe Umsatz) in die Auswahl gelangten. In Abbildung 9 ist die Rücklaufquote in Abhängigkeit dieses Kriteriums, aufgeschlüsselt nach der Rechtsform des antwortenden Unternehmens, dargestellt.

Rechtsform	**Gruppe Umsatz**	**Gruppe Käufer**	**Summe Umsatz/Käufer**
AG	28	81	**109**
GmbH	26	54	**80**
KGaA	1	0	**1**
KG	14	24	**38**
OHG	0	3	**3**
Sonstige	2	4	**6**
keine Angabe	156	49	**205**
Summe	**227**	**215**	**442**
Versand	2.117	1.809	3.926
Rücklaufquote	**10,7%**	**11,9%**	**11,3%**

Abbildung 9: Rücklaufquote

5 Die Ergebnisse

5.1 Akquisitionstätigkeit und Verbreitungsgrad der Due Diligence

Im Einleitungsteil des Fragebogens sollte durch die Angabe einer Definition ein vereinheitlichtes Grundverständnis zugrunde gelegt werden. Diese Definition war bewußt offen gehalten, um sowohl die weite (prozeßbegleitende) als auch die enge (phasenbezogene) Sichtweise der Due Diligence zuzulassen. Die Definition lautet: „Bei einer Due Diligence handelt es sich um Analysen eines Unternehmens, die bei der Vorbereitung von Unternehmensakquisitionen und –fusionen zum Ziel der Informationsgewinnung des Entscheidungsträgers in den Planungs- und Entscheidungsprozeß integriert werden“.

Die erste Frage nach der Anzahl der getätigten Akquisitionen im Zeitraum von 1997 bis 2000 diente der Bestimmung der Akquisitionserfahrung des Käufers. In Verbindung mit der zweiten Frage nach der Anzahl der bei diesen Akquisitionen durchgeführten Due Diligence-Prüfungen konnte festgestellt werden, welchen Verbreitungsgrad die Due Diligence in Deutschland aufweist.

Der Verbreitungsgrad ist wichtig für die gewährleistungsrechtliche und die gesellschaftsrechtliche Einordnung der Due Diligence. Gewährleistungsrechtlich relevant ist die Due Diligence im Hinblick auf die Frage, ob den Käufer eine Verpflichtung zur Prüfung des Unternehmens vor dem Kauf trifft. Dies ist dann der Fall, wenn eine Verkehrssitte existiert, nach der eine solche Prüfung üblicherweise stattfindet. Liegt demnach eine Verkehrssitte 'Durchführung einer Due Diligence bei einem Unternehmenskauf' vor, droht dem Käufer bei Unterlassen derselben der Verlust seiner Gewährleistungsrechte. Ob eine Verkehrssitte vorliegt, kann u.E. nur durch die empirische Erhebung des Verbreitungsgrades der Due Diligence ermittelt werden.

Die relevanten gesellschaftsrechtlichen Anknüpfungspunkte bilden § 93 Abs. 1 AktG für die Vorstandsmitglieder einer Aktiengesellschaft und § 43 Abs. 1 GmbHG für die Geschäftsführer einer GmbH. Hiernach haben diese bei ihrer Geschäftsführung die Sorgfalt eines ordentlichen und gewissenhaften Geschäftsleiters (engl. due diligence = gebührende Sorgfalt) anzuwenden.

In den 442 zurückgesandten Fragebögen wurde die Frage nach der Anzahl durchgeführter Akquisitionen in 31 Fällen nicht beantwortet. Die 411 antwortenden Unternehmen führten zusammen 1.932 Akquisitionen durch. Dies entspricht einem Durchschnitt von 4,7 Akquisitionen pro Unternehmen. 193 Unternehmen gaben an, keine Akquisition durchgeführt zu haben. Hierbei entfällt mit

154 Nennungen (67,8% der Gruppe Umsatz) erwartungsgemäß der größte Teil auf die Unternehmen, die über das Umsatzkriterium in die Grundgesamtheit der angeschriebenen Unternehmen aufgenommen wurden. Die 73 akquirierenden Unternehmen aus der Gruppe Umsatz führten von den 1.932 Akquisitionen 277 durch (14,3%). Diese Akquisitionen waren damit nicht in den M&A-Datenbanken zum Akquisitionsgeschehen enthalten.

Anzahl Akquisitionen	Gruppe Umsatz	Gruppe Käufer	Summe Umsatz/Käufer
0	154	39	**193**
1	21	35	**56**
2	7	30	**37**
3	13	26	**39**
4	6	15	**21**
5	5	11	**16**
6-10	6	18	**24**
11-20	0	9	**9**
21-30	0	8	**8**
50-100	2	3	**5**
200	0	2	**2**
300	0	1	**1**
keine Angabe	13	18	**31**
Summe	**227**	**215**	**442**

Abbildung 10: Anzahl der Akquisitionen von 1997-2000

Von den 218 akquirierenden Unternehmen führten im Zeitraum von 1997-2000 56 Unternehmen (25,7%) eine Akquisition durch, 37 Unternehmen (17,0%) führten zwei Akquisitionen, 39 Unternehmen (17,9%) drei Akquisitionen, 21 Unternehmen (9,6%) vier Akquisitionen, 16 Unternehmen (7,3%) fünf Akquisitionen und 24 Unternehmen (11,0%) zwischen sechs und zehn Akquisitionen durch. 25 Unternehmen (11,5%) tätigten mehr als zehn Akquisitionen bei einem Höchstwert von 300 Akquisitionen (eine Nennung). Die Anzahl der getätigten Akquisitionen, differenziert nach der Gruppe der Käuferunternehmen bzw. der Gruppe der nach dem Umsatzkriterium angeschriebenen Unternehmen, geht aus Abbildung 10 hervor.

Insgesamt gaben die antwortenden Unternehmen an, 2.322 Mal eine Due Diligence durchgeführt zu haben. Hierbei wurde zu 61,7% (1.432) die Akquisition auch vollzogen; 38,3% aller Due Diligences (890) wurden damit durchgeführt, ohne daß eine Akquisition erfolgte.

58,8% aller befragten Unternehmen führten öfter eine Due Diligence mit positivem als mit negativem Ergebnis durch, mithin wurde in diesen Fällen die Akquisition nach erfolgter Due Diligence letztlich auch vollzogen. Umgekehrt führten 41,2% der Unternehmen öfter eine Due Diligence ohne anschließende Akquisition durch.

5.1.1 Verbreitungsgrad der Due Diligence

Der Verbreitungsgrad der Due Diligence kann durch die Kombination der Frage nach der Anzahl der getätigten Akquisitionen mit der Frage nach der Anzahl der bei diesen Akquisitionen durchgeführten Due Diligences gemessen werden. Hierbei sind zwei Perspektiven, verbunden mit zwei unterschiedlichen statistischen Mittelwerten, denkbar:

1. Zum einen kann für jedes Unternehmen zunächst der prozentuale Anteil der Akquisitionen mit Due Diligence bestimmt werden. Ergebnis ist der jeweilige Verbreitungsgrad für das einzelne Unternehmen. Der mittlere Verbreitungsgrad ergibt sich hiernach als arithmetisches Mittel aus den prozentualen Verbreitungsgraden der einzelnen Unternehmen. In diesen Mittelwert geht jeder einzelne Verbreitungsgrad mit dem gleichen Gewicht ein, unabhängig von der Anzahl der jeweils durchgeführten Akquisitionen. Es handelt sich mithin um ein ungewichtetes arithmetisches Mittel. Diesem liegt die Perspektive des Käuferunternehmens zugrunde: Der Mittelwert läßt sich dahingehend interpretieren, wie oft im Durchschnitt deutsche Käuferunternehmen bei ihren Akquisitionen eine Due Diligence durchführen.
2. Zum anderen kann ein durchschnittlicher Verbreitungsgrad bestimmt werden, indem die Summe der von allen Unternehmen durchgeführten Due Diligences durch die Anzahl der von allen Unternehmen getätigten Akquisitionen dividiert wird. Es handelt sich in diesem Fall um ein gewichtetes arithmetisches Mittel, da der Verbreitungsgrad für das einzelne Unternehmen mit der Anzahl der Akquisitionen gewichtet wird. Der Anteil der Akquisitionen mit durchgeführter Due Diligence von Unternehmen mit vielen Akquisitionen bekommt in dieser Kennzahl entsprechend höheres Gewicht. Diesem Mittelwert liegt die Perspektive des Zielunternehmens zugrunde: Der Mittelwert läßt sich dahingehend interpretieren, bei wie vielen akquirierten Zielunternehmen eine Due Diligence durchgeführt wurde.

Eine Differenz zwischen dem ungewichteten und dem gewichteten arithmetischen Mittelwert ergibt sich, wenn die Anzahl der getätigten Akquisitionen einen Einfluß auf den Verbreitungsgrad der Due Diligence des einzelnen Unternehmens hat. So ist der ungewichtete Mittelwert größer (kleiner) als der gewichtete Mittelwert, wenn mit zunehmender Anzahl von Akquisitionen der Anteil der Akquisitionen mit Due Diligence abnimmt (zunimmt).

Abbildung 11 zeigt den Verbreitungsgrad der Due Diligence bei den antwortenden Käuferunternehmen. Gemessen wird dieser, indem bei jedem Unternehmen die Anzahl der Akquisitionen mit Due Diligence zur Gesamtanzahl der Akquisitionen ins Verhältnis gesetzt wird. Der mittlere Wert über alle Unternehmen beträgt 78,6%. Von allen antwortenden Unternehmen gaben 65,0% an, bei allen getätigten Transaktionen auch eine Due Diligence durchgeführt zu haben (in der Abbildung als Klasse 91-100% dargestellt). Bei diesen Unternehmen gehört die Due Diligence daher zum integralen Bestandteil eines Akquisitionsprozesses.

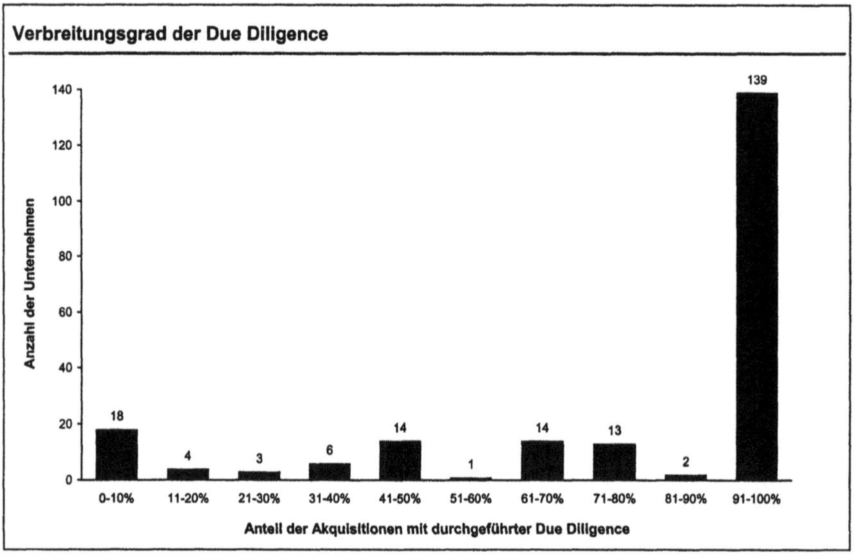

Abbildung 11: Verbreitungsgrad der Due Diligence (N=214)

In Abbildung 12 ist der Verbreitungsgrad nach der Rechtsform der Käuferunternehmen aufgeschlüsselt. Den höchsten durchschnittlichen Anteil der Akquisitionen mit durchgeführter Due Diligence weist die GmbH mit 85,9% auf, gefolgt von der börsennotierten Aktiengesellschaft mit 82,9%. Unter dem Mittelwert von 78,6% liegen die nicht börsennotierte AG, die Personengesellschaften sowie sonstige Rechtsformen.

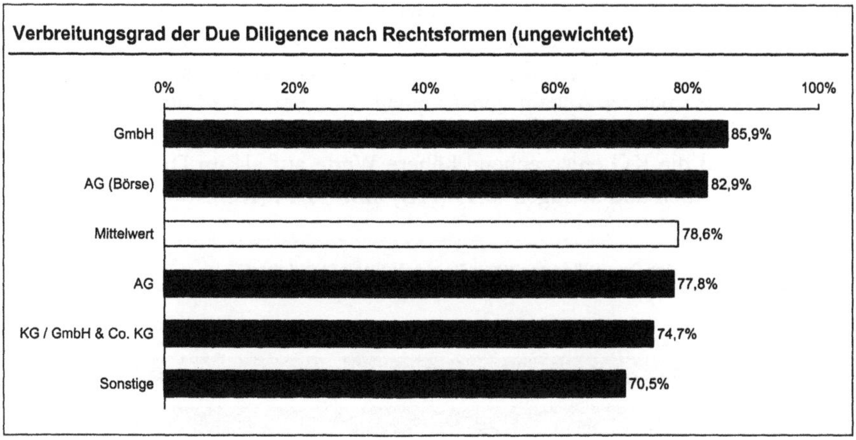

Abbildung 12: Verbreitungsgrad der Due Diligence nach Rechtsformen, ungewichteter Mittelwert (N=199)

Einen Einfluß auf die Entscheidung zur Durchführung einer Due Diligence können die gesellschaftsrechtlichen Bestimmungen zur Sorgfaltspflicht des Vorstands bzw. der Geschäftsführung ausüben. Aufgrund der nach dem Gesetz bei der Aktiengesellschaft stärker institutionalisierten Unternehmensverfassung wäre zu erwarten, daß die Aktiengesellschaft vor der GmbH rangiert. Andererseits kann die Anzahl der getätigten Akquisitionen einen Einfluß auf die Akquisitionserfahrung des Käufers und damit die Einschätzung der Notwendigkeit einer Due Diligence ausüben. Daher wurde zusätzlich der die Anzahl der Akquisitionen berücksichtigende gewichtete Mittelwert gemessen.

Alle antwortenden Unternehmen haben im Zeitraum von 1997 bis 2000 1.932 deutsche Unternehmen übernommen. Bei diesen Akquisitionen wurde in 1.432 Fällen eine Due Diligence durchgeführt. Dies entspricht einer Quote von 74,1% (gewichteter Mittelwert). In Abbildung 13 ist dieser Mittelwert nach der Rechtsform der Käuferunternehmen differenziert dargestellt.

Der Korrelationskoeffizient zwischen der Anzahl der getätigten Akquisitionen und dem Anteil der Akquisitionen mit Due Diligence ist über alle Rechtsformen mit -0,04 sehr schwach negativ. Der denkbare Zusammenhang, daß mit zunehmender Akquisitionserfahrung, ausgedrückt durch die Anzahl getätigter Akquisitionen, eine Due Diligence eher entbehrlich und damit der Anteil der Akquisitionen mit Due Diligence geringer ist, kann damit allgemein nicht bestätigt werden. Allerdings zeigen sich Unterschiede in der Korrelation bei einer Differenzierung nach der Rechtsform. Wie ein Vergleich der Auswertungen in Abbildung 12 und Abbildung 13 zeigt, existieren bedeutende Differenzen zwischen dem ungewichteten und dem gewichteten Mittelwert bei der nicht börsennotierten AG (77,8% zu 59,0%) und der KG (74,7% zu 59,3%). Bei diesen Rechtsformen sinkt mit zunehmender Anzahl von Akquisitionen der Anteil der Akquisitionen mit Due Diligence. Die Korrelationskoeffizienten weisen für die nicht börsennotierte AG und die KG entsprechend höhere Werte auf als im Durchschnitt über alle Rechtsformen und betragen -0,19 (AG) bzw. -0,14 (KG).

Verbreitungsgrad der Due Diligence nach Rechtsformen (gewichtet)

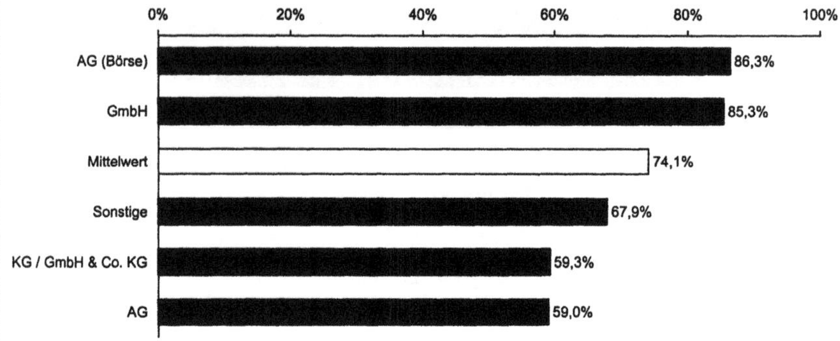

Abbildung 13: Verbreitungsgrad der Due Diligence nach Rechtsformen, gewichteter Mittelwert (N=199)

5.1.2 Verbreitungsgrad bei Marten/Köhler

Die vorliegenden Ergebnisse zum Verbreitungsgrad sollen verglichen werden mit den Ergebnissen der empirischen Untersuchung von *Marten/Köhler*[47] zum Verbreitungsgrad der Due Diligence bei deutschen Aktiengesellschaften. Der Befragung aus dem Jahre 1999 lagen Antworten von 231 Unternehmen mit 1.100 durchgeführten Akquisitionen und Merger in einem Zeitraum von drei Jahren zugrunde. An der hier vorliegenden Untersuchung beteiligten sich 95 Aktiengesellschaften mit mindestens einer Transaktion, die zusammen 989 Transaktionen im Zeitraum 1997 bis 2000 angaben.

Wird für den Vergleich mit der Untersuchung von *Marten/Köhler* die bisherige Trennung börsennotierter und nicht börsennotierter AG aufgehoben, ergeben sich nach vorliegender Untersuchung mittlere Verbreitungsgrade von 80,4% (un-

---

[47] Vgl. *Marten, K.-U.; Köhler, A. G.* (1999), S. 337ff.

gewichtet) und 74,5% (gewichtet). In ihrer Untersuchung haben *Marten/Köhler* den Verbreitungsgrad der Due Diligence differenziert nach den Teilreviews (Financial, Legal, Management etc.) festgestellt.[48] Die Ergebnisse sind in Abbildung 14 dargestellt.[49]

Art	Akquisitionen			Merger			Akquisitionen und Merger
Anzahl	**911**	**29**	**31**	**71**	**43**	**15**	**1.100**
Umsatzrelation Ziel/Käufer	kleiner	gleich	größer	kleiner	gleich	größer	
Financial	95,6%	96,6%	100,0%	90,1%	83,7%	100,0%	**95,0%**
Legal	82,6%	89,7%	87,1%	77,5%	81,4%	80,0%	**82,5%**
Tax	81,3%	82,8%	83,9%	70,4%	67,4%	80,0%	**80,2%**
Market	77,4%	82,8%	67,7%	64,8%	72,1%	93,3%	**76,5%**
Management	67,1%	55,2%	77,4%	57,8%	53,5%	93,3%	**66,3%**
Organisatorisch	58,7%	48,3%	51,6%	54,9%	48,8%	86,7%	**58,0%**
Technical	52,7%	48,3%	51,6%	39,4%	25,6%	73,3%	**50,9%**
Insurance	51,9%	24,1%	45,2%	43,7%	23,3%	60,0%	**49,5%**
Environmental	47,2%	27,6%	67,7%	43,7%	23,3%	53,3%	**46,2%**

Abbildung 14: Verbreitungsgrade der Teilreviews nach Marten/Köhler

Den maximalen Verbreitungsgrad weist die Financial Due Diligence mit 95%, bezogen auf alle Transaktionen, auf. Ein so hoher Verbreitungsgrad konnte hier nicht gemessen werden. Allerdings gaben von den 95 antwortenden Unternehmen der vorliegenden Untersuchung 62 Unternehmen (=65,3%) an, bei sämtlichen Transaktionen eine Due Diligence durchgeführt zu haben.

5.2 Beteiligte Käufer- und Zielunternehmen

Die Fragen zu den beteiligten Unternehmen dienten der näheren Charakterisierung von Käuferunternehmen und Zielunternehmen. Festgestellt werden sollte das Verhältnis des Erwerbers zum Zielunternehmen hinsichtlich Rechtsform, Unternehmensgröße und Branche.

[48] Diese Differenzierung wurde im Rahmen der vorliegenden Untersuchung auch vorgenommen, vgl. hierzu die Auswertungen in Abschnitt 5.4. An dieser Stelle interessiert zunächst, ob überhaupt eine Due Diligence durchgeführt wurde.

[49] Eine graphische Darstellung ist in Abschnitt 5.4 bei dem Vergleich der Ergebnisse für die einzelnen Teilreviews mit den Ergebnissen der vorliegenden Untersuchung enthalten.

Die erste Frage nach der Rechtsform der beteiligten Unternehmen ist insofern von Interesse, als eine Differenzierung der Due Diligence nach der Rechtsform der beteiligten Unternehmen angenommen werden kann. Die Rechtsform bestimmt das gesellschaftsrechtliche Umfeld, in dem die Unternehmen handeln; die Bestimmungen des Gesellschaftsrechts über die Verantwortung des Vorstands bzw. der Geschäftsführung können einen Einfluß auf die Entscheidung zur Durchführung einer Due Diligence einerseits, und den Umfang derselben andererseits ausüben. Abbildung 15 zeigt in einer Kreuztabelle eine Gegenüberstellung der Rechtsformen von Käuferunternehmen und Zielunternehmen.

Zielunternehmen / **Käuferunternehmen**	AG	AG (Börse)	GmbH	KG	Sonstige	**Summe**
AG	24	4	19	4	2	**53**
AG (Börse)	7	6	29	5	1	**48**
GmbH	8	1	48	12	3	**72**
KG / GmbH & Co. KG	8	1	10	16	1	**36**
Sonstige	2	0	5	1	1	**9**
Summe	**49**	**12**	**111**	**38**	**8**	**218**

Abbildung 15: Rechtsform von Käuferunternehmen und Zielunternehmen

In 218 Fragebögen wurde die Frage nach der Rechtsform sowohl für das Käufer- als auch für das Zielunternehmen beantwortet. Die akquirierenden Unternehmen besitzen zu 79,4% die Rechtsform der Kapitalgesellschaft. Die größte Einzelgruppe bildet mit 33,0% die GmbH; eine Gruppe, die aufgrund fehlender Börsennotierung bislang kaum Gegenstand empirischer Untersuchungen ist. Rechtsform des Zielunternehmens ist mit 50,9% ebenfalls überwiegend die GmbH.

Einen Einflußfaktor auf die Ausgestaltung der Due Diligence kann ferner die Größe der beteiligten Unternehmen, isoliert betrachtet und in Relation des Erwerbers zum Zielunternehmen, darstellen. Abgestellt wurde auf die handelsrechtlichen Kriterien Umsatz, Bilanzsumme und Zahl der Mitarbeiter.

Abbildung 16 stellt den Umsatz des Käuferunternehmens und des Zielunternehmens gegenüber. 44,8% der Käuferunternehmen erzielten einen Umsatz von unter 500 Mio. DM. Auf der Seite der Zielunternehmen erwirtschafteten 46,4% einen Umsatz von unter 50 Mio. DM und 62,9% der Unternehmen einen Umsatz von unter 100 Mio. DM. In 94,6% der Transaktionen erwarb ein umsatzgrößeres ein kleineres Unternehmen. Nach dem Kriterium „Zahl der Mitarbeiter" erwarb bei 90,8% der Transaktionen ein größeres Unternehmen ein kleineres Unternehmen.

Zielunternehmen / Käuferunternehmen	0-<50	50-<100	100-<500	500-<1.000	>1.000	Summe
0 - <100	22	5	3	1	1	**32**
100 - <500	33	11	10	1	0	**55**
500 - <1.000	9	6	7	0	0	**22**
1.000 - <5.000	18	8	18	5	3	**52**
5.000 - <10.000	4	1	6	1	3	**15**
>10.000	4	1	1	4	8	**18**
Summe	**90**	**32**	**45**	**12**	**15**	**194**

Abbildung 16: Umsatz von Käuferunternehmen und Zielunternehmen (in Mio. DM)

Die Frage nach der Branche von akquirierendem Unternehmen und Zielunternehmen dient der Einordnung der Transaktionsrichtung. Darüber hinaus ist von Interesse, ob die Branche einen Einfluß auf die Durchführung einer Due Diligence hat. Es wurden 21 Branchen vorgegeben, die sich - geringfügig geändert - an der Branchenklassifikation der Zeitschrift M&A-Review im Rahmen der Berichterstattung über M&A-Transaktionen orientieren.

Die Auswertung zeigt eine weitgehende Übereinstimmung der Branche von Käufer- und Zielunternehmen. 83,3% der Akquisitionen liegen in der Kreuztabelle (Abbildung 17) auf der Diagonalen und stellen demnach brancheninterne Akquisitionen dar.

Zielunternehmen / Käuferunternehmen	Automobilindustrie	Bau- und Baustoffindustrie	Beteiligungsgesellschaft	Chemie	Dienstleistungen	Elektrotechnik	Energie	Finanzdienstleistungen	Handel	Internet und E-commerce	IT/Telekommunikation	Maschinenbau	Medien	Medizintechnik	Metallverarbeitung	Nahrungs-/Genußmittel	Pharma	Transport und Verkehr	Versicherungen	Sonstige	Summe
Automobilindustrie	4																				4
Bau- und Baustoffindustrie		6			1										1						8
Beteiligungsgesellschaft			1	1				1			2		2			1	1				9
Chemie				16													1				17
Dienstleistungen					17						1										18
Elektrotechnik						4								1							5
Energie	1	1		1			16														19
Finanzdienstleistungen			1					11										1			13
Handel					2				16								1				19
Internet und E-commerce										1				1							2
IT/Telekommunikation			1							1	18										20
Maschinenbau	1								2			14									17
Medien											1		7								8
Medizintechnik																					0
Metallverarbeitung							1		1						7						9
Nahrungs-/Genußmittel									1							9					10
Pharma												1					2				3
Transport und Verkehr																		8			8
Versicherungen			1																6		7
Sonstige					1	1														12	14
Summe	6	7	4	18	21	5	17	12	20	2	22	15	9	2	8	10	5	9	6	12	210

Abbildung 17: Branche von Käuferunternehmen und Zielunternehmen

Der Anteil durchgeführter Due Diligences an den getätigten Akquisitionen (Verbreitungsgrad) beträgt über alle Branchen und Rechtsformen 78,6% (ungewichteter Mittelwert) bzw. 74,1% (gewichteter Mittelwert). Von Interesse ist, wie dieser Anteil in Abhängigkeit der Branche variiert. Hierzu wurde die Branche des Käuferunternehmens mit der Beantwortung der Frage nach der Anzahl der Akquisitionen und der Frage nach der Anzahl der bei diesen durchgeführten Due Diligences verbunden.

In Abbildung 18 ist jeweils der gewichtete und der ungewichtete mittlere Verbreitungsgrad der Due Diligence nach ausgewählten Branchen des Käuferunternehmens dargestellt. Die Sortierung erfolgte nach dem ungewichteten Mittelwert. Den höchsten Verbreitungsgrad der Due Diligence weisen Unternehmen aus den Branchen Metallverarbeitung und Automobilindustrie auf (mittlerer Verbreitungsgrad jeweils 100%). In die Abbildung aufgenommen wurden Branchen mit mindestens vier Käuferunternehmen und mindestens 17 Transaktionen. Insgesamt führten die 169 aufgenommenen Unternehmen 1.307 Transaktionen und hierbei in 875 Fällen eine Due Diligence durch.

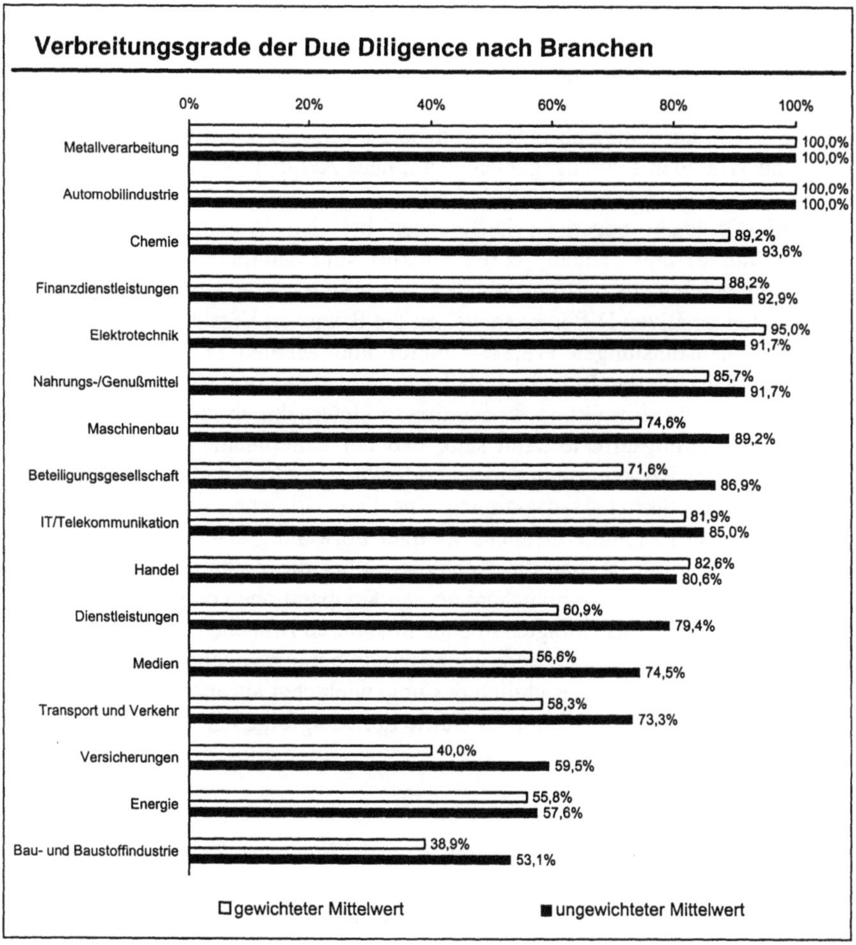

Abbildung 18: Verbreitungsgrade der Due Diligence nach Branche des Käuferunternehmens (Auswahl), gewichtete und ungewichtete Mittelwerte (N=169)

Die Differenz zwischen dem ungewichteten und dem gewichteten Verbreitungsgrad zeigt an, inwieweit die Anzahl der durchgeführten Transaktionen den Anteil der Transaktionen mit Due Diligence beeinflußt.[50] Wird die Anzahl der Transaktionen als Maß für die Akquisitionserfahrung akzeptiert, kann die positi-

[50] Vgl. auch die Erläuterungen zur Messung des Verbreitungsgrades in Abschnitt 5.1.

ve Differenz der Mittelwerte auf das Vorhandensein möglicher Erfahrungseffekte schließen lassen. Für den umgekehrten Fall einer negativen Differenz läßt sich folgern, daß mit zunehmender Anzahl von Transaktionen die Sensibilität für die Notwendigkeit einer Due Diligence steigt. Dies ist bspw. dann der Fall, wenn die Unternehmen innerhalb einer Branche zu verschiedenartig sind, um Erfahrung und Wissen aus vorangegangenen auf neue Akquisitionen zu übertragen.

Bis auf die leicht negativen Differenzen bei den Branchen Elektrotechnik (-3,3%-Punkte) und Handel (-2,0%-Punkte) sind sämtliche Differenzen zwischen ungewichtetem und gewichtetem Verbreitungsgrad positiv (bzw. Null). Die größten positiven Differenzen weisen die Branchen Versicherungen (19,5%-Punkte), Dienstleistungen (18,5%-Punkte) und Medien (17,9%-Punkte) auf. Gemeinsam ist diesen Branchen, daß sie nicht dem produzierenden Gewerbe zuzurechnen sind. Ein Grund für bei diesen Unternehmen möglicherweise vorliegende Erfahrungseffekte kann sein, daß bei Unternehmen dieser Branchen Strukturen oder Risiken miteinander vergleichbar sind, so daß mit zunehmender Anzahl durchgeführter Transaktionen eine Due Diligence für die Beurteilung und Prüfung des Zielunternehmens weniger notwendig erscheint. Eine weitere mögliche Erklärung ist, daß die Kenntnisse über die Zielunternehmen vor der Transaktion aufgrund von brancheninternen Kooperationen oder Verflechtungen in diesen Branchen ausgeprägter sind als in anderen Branchen. Als Beleg hierfür kann die absolute Höhe der Verbreitungsgrade herangezogenen werden, die für diese Branchen sowohl hinsichtlich des ungewichteten als auch des gewichteten Mittelwertes jeweils in der unteren Hälfte der Rangfolge der Verbreitungsgrade rangiert (Abbildung 18).

5.3 Unternehmenstransaktion und Akquisitionsprozeß

Der dritte Themenbereich des Fragebogens beschäftigt sich mit allgemeinen Fragen zur Abwicklung der Transaktion, mit der Einordnung der Due Diligence in den Akquisitionsprozeß sowie mit dem vorrangigen Ziel bzw. dem Schwerpunkt der Due Diligence. Die Antworten auf diese Fragen erlauben eine Vorstellung von der Einbettung der Due Diligence in den Gesamtprozeß.

Zunächst wurde nach der kaufrechtlichen Strukturierung der Transaktion, unterschieden zwischen Share Deal (differenziert nach Beteiligungshöhe), Asset Deal und Verschmelzung, gefragt. Ein Einfluß auf die Due Diligence ist insofern denkbar, als daß die Gewährleistungsregelungen des deutschen Kaufrechts zwischen einem Rechtskauf (Share Deal) und einem Sachenkauf (Asset Deal) differenzieren und den Umfang der Gewährleistungsrechte des Erwerbers determinieren. Darüber hinaus können sich der Umfang und die Intensität der Due Diligence bei einem Asset Deal von derjenigen bei einem Share Deal unterscheiden, da bei einem Asset Deal das Interesse auf einzelne Teile des Zielunternehmens (Vermögensgegenstände, Geschäftsbereiche, Produktlinien) gerichtet sein kann.

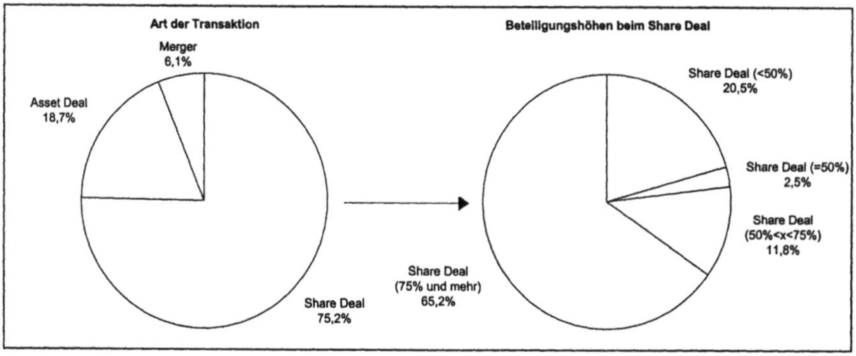

Abbildung 19: Kaufrechtliche Strukturierung der Akquisition (N=214)

In Abbildung 19 sind die Alternativen der kaufrechtlichen Strukturierung der Akquisition dargestellt. Am häufigsten vertreten ist der Share Deal mit 75,2%, bei diesem wiederum wurden in 65,2% der Akquisitionen 75% und mehr der Anteile an der Zielgesellschaft übernommen. Bezogen auf alle Transaktionen fand somit zu 49,1% ein Share Deal mit einer Beteiligungshöhe von 75% und mehr, mithin eine Mehrheitsübernahme, statt.

Weiterhin von Bedeutung ist, ob der Erwerber der einzige Interessent für das Zielunternehmen war oder ob eine Konkurrenzsituation bestand, bei der mehrere potentielle Erwerber für das Unternehmen bieten. Eine solche Konkurrenzsituation kann im Rahmen eines Verhandlungsverfahrens oder in Form einer organisierten Auktion vorliegen.

Mit insgesamt 92,0% überwiegt eindeutig das Verhandlungsverfahren gegenüber dem Bieter- bzw. Auktionsverfahren (Abbildung 20). Dabei dominiert das Verfahren, bei dem ausschließlich mit einem Käuferunternehmen verhandelt wurde, mit 49,6%. Von der oftmals postulierten weiten Verbreitung des aus der angelsächsischen Transaktionspraxis bekannten Auktionsverfahrens kann in Deutschland aufgrund dieser Befunde nicht ausgegangen werden.

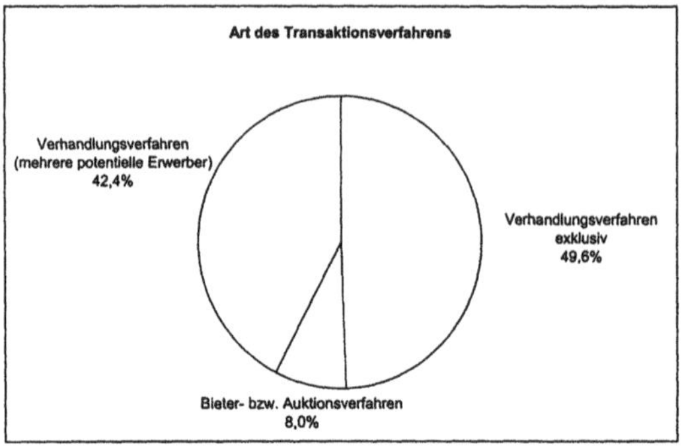

Abbildung 20: Art des Transaktionsverfahrens (N=238)

Die Frage nach dem vorrangigen Ziel bzw. dem Schwerpunkt der Due Diligence wurde offen gestellt und diente als grobe Bestimmung der Motivation zur Durchführung der Due Diligence. Als mögliche Antworten wurden in einem Klammerzusatz angegeben: Kennenlernen des Zielunternehmens, Risiken aufdecken, Synergiebestimmung, Kaufpreisreduzierung. Hierbei waren Mehrfachnennungen möglich. In 231 Fragebögen wurde die Frage nach dem vorrangigem Ziel bzw. dem Schwerpunkt der Due Diligence beantwortet. Insgesamt lagen 383 Nennungen vor, die jeweils unter eine der in Abbildung 21 gezeigten Kategorien subsumiert werden konnten. Die Kategorie „Risiken" (Identifizierung und Beurteilung von Risiken) dominiert hierbei mit 44,6% eindeutig.

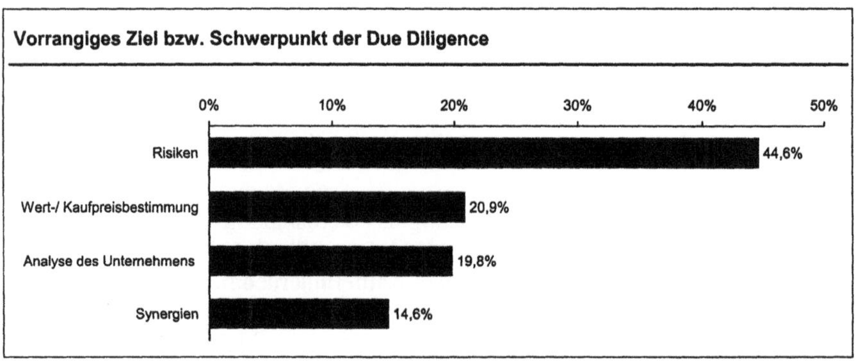

Abbildung 21: Vorrangiges Ziel bzw. Schwerpunkt der Due Diligence, (Mehrfachnennungen möglich) (N=231)

Die Fragen nach der Dauer des Akquisitionsprozesses, den vor der Due Diligence getroffenen Vereinbarungen, dem Beginn der Due Diligence sowie der Dauer der Due Diligence dienten der Feststellung der Positionierung der Due Diligence innerhalb des Akquisitionsprozesses. Diese Fragen sollten eine Vorstellung des Akquisitionsablaufs vermitteln und das Verständnis der Unternehmenspraxis von der Einordnung der Due Diligence offenlegen. In der Literatur existieren hierfür verschiedene Sichtweisen der Due Diligence: einerseits die prozeßbegleitende, weite Sichtweise und andererseits die auf eine zeitlich begrenzte Phase abstellende, enge Sichtweise. Die Definition des Begriffes Due Diligence am Anfang des Fragebogens war offen genug gehalten, um sowohl die weite als auch die enge Sichtweise in diesem Abschnitt zuzulassen.

Die Häufigkeitsverteilung der Nennungen zur Dauer des Akquisitionsprozesses (Zeitraum zwischen dem Beginn des Akquisitionsprozesses und dem Closing) ist in Abbildung 22 dargestellt. Als Beginn wurde im Fragebogen erläuternd die Aufnahme des Zielunternehmens in die Akquisitionsüberlegungen definiert. In 58,1% der Akquisitionen dauerte der gesamte Akquisitionsprozeß weniger als ein halbes Jahr.

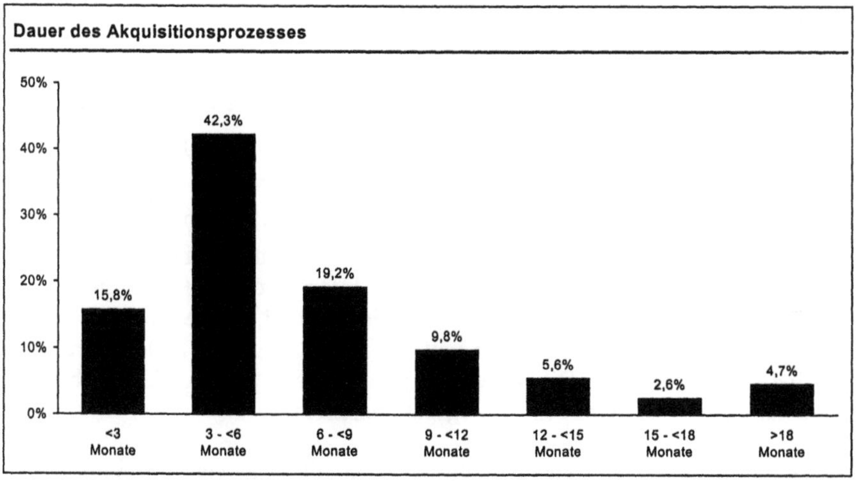

Abbildung 22: Dauer des Akquisitionsprozesses (N=234)

Die Antworten auf die Frage nach den vor der Due Diligence getroffenen Vereinbarungen vermitteln eine Vorstellung von der Nähe der Due Diligence zur Vollzugsentscheidung. Von Interesse hierbei ist, ob und inwieweit bereits vor der Due Diligence die Entscheidung über den Vollzug der Transaktion getroffen ist und die Due Diligence damit den Charakter der nachträglichen Bestätigung oder Anpassung gesetzter Prämissen besitzt oder die Due Diligence als originäre Entscheidungsgrundlage dient.

Die getroffenen Vereinbarungen vor der Due Diligence, von denen die Vertraulichkeitserklärung, der Letter of Intent und das (verbindliche) Kaufpreisangebot als potentielle Antworten vorgegeben wurden, wurden in verschiedenen Kombinationen realisiert, wie sie in Abbildung 23 dargestellt sind.

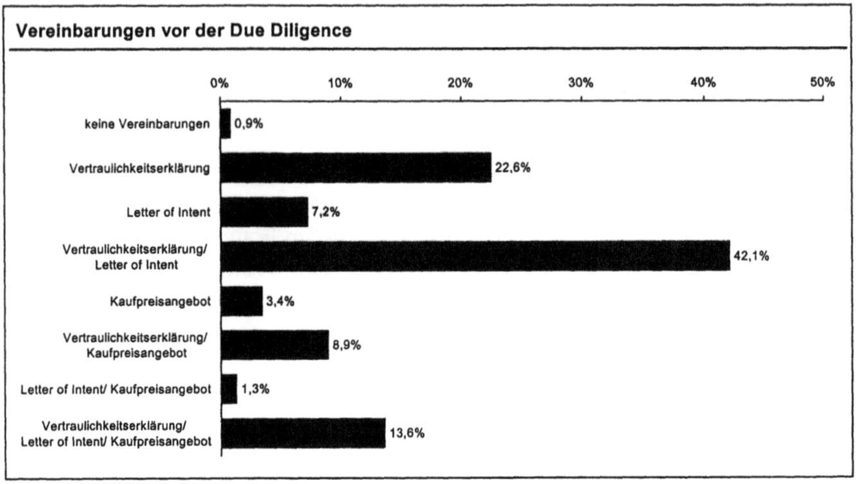

Abbildung 23: Vereinbarungen vor der Due Diligence (N=235)

Sortiert sind die verschiedenen Kombinationen in Abbildung 23 nach dem Grad der Bindungswirkung: Die schwächste Bindungswirkung entfaltet die Vertraulichkeitserklärung, gefolgt von dem Letter of Intent und dem Kaufpreisangebot. Die am häufigsten genannte Kombination bildet mit 42,1% die Vertraulichkeitserklärung in Verbindung mit einem Letter of Intent. In diesen Fällen wurde mithin bereits vor der Due Diligence eine grundsätzliche Übereinkunft über den Eigentumsübergang unter den Vertragsparteien erzielt.

87,2% der Unternehmen gaben an, vor der Due Diligence eine Vertraulichkeitserklärung unterzeichnet zu haben, bei 64,3% der Transaktionen wurde ein Letter of Intent abgeschlossen, in 27,2% der Fälle lag bereits ein Kaufpreisangebot vor.

Die folgenden Auswertungen beschäftigen sich mit der Dauer der Due Diligence in Tagen und den Anteil ihrer Durchführung im Zielunternehmen. Die durchschnittliche Dauer der Due Diligence beträgt 15,8 Tage. Die mittleren 50% der Nennungen liegen zwischen 5,0 (25%-Quartil) und 20,0 (75%-Quartil) Tagen bei einem Median von 10,0 Tagen (Abbildung 24).

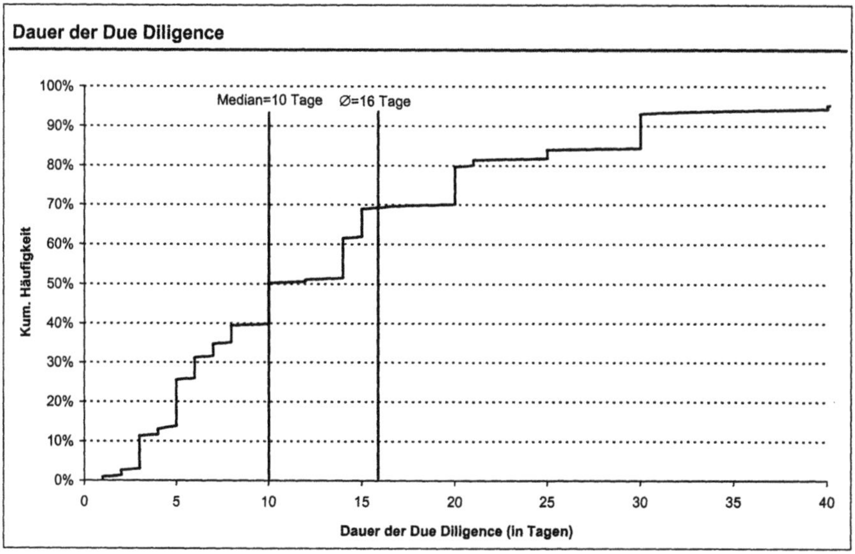

Abbildung 24: Dauer der Due Diligence (N=231)

Zusätzlich wurde erfragt, wie viele Tage der Gesamtdauer der Due Diligence im Zielunternehmen verbracht wurden. Anhand dieser Frage läßt sich die Due Diligence näher charakterisieren: Ist der Zugang zum Zielunternehmen konstitutiv und notwendig für die Durchführung einer Due Diligence oder läßt sich diese auch ohne Zugang zum Zielunternehmen und damit zu internen Informationen durchführen. Die durchschnittliche Dauer der Due Diligence im Zielunternehmen beträgt 6,0 Tage (Median 4,0). Dieser Wert variiert - erwartungsgemäß - in Abhängigkeit des Transaktionsverfahrens zwischen 3,7 Tagen (Median: 3,0) bei einem Auktionsverfahren, 5,6 Tagen (Median: 4,0) bei einem Verhandlungsverfahren mit mehreren potentiellen Erwerbern und 6,5 Tagen (Median: 5,0) bei einer Exklusivverhandlung.

Bezogen auf die einzelnen Antworten beträgt der prozentuale Anteil der Due Diligence im Zielunternehmen durchschnittlich 48,3%. In Abbildung 25 ist der Anteil der im Zielunternehmen durchgeführten Due Diligence mit schwarzen Balken gekennzeichnet. Demnach wird ca. die Hälfte der Arbeiten während einer Due Diligence im Zielunternehmen, und damit mit Zugang zu internen Informationen, durchgeführt.

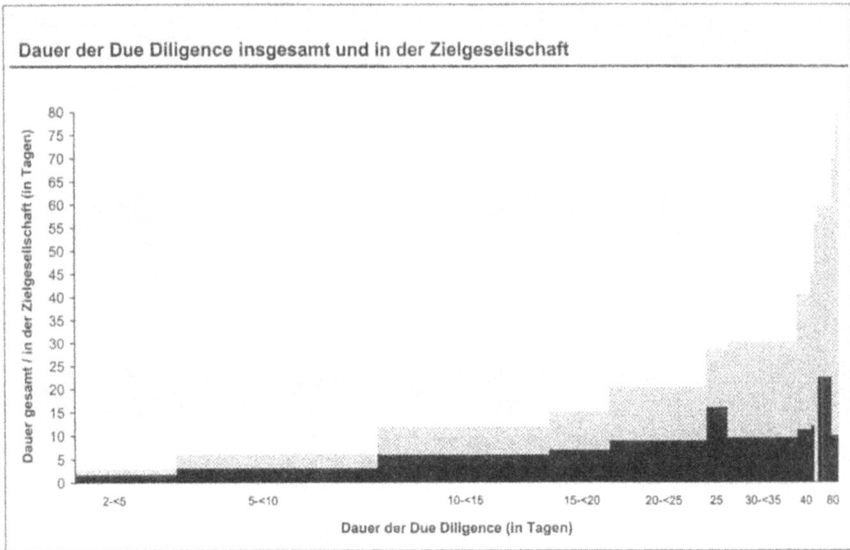

Abbildung 25: Dauer der Due Diligence insgesamt und im Zielunternehmen (N=217)

Inwieweit die Dauer der Due Diligence von der Branche des Zielunternehmens abhängt, ist in Abbildung 26 für die 17 am häufigsten vertretenen Branchen dargestellt. Die mittlere Dauer von 15,8 Tagen über alle Branchen variiert zwischen 31,5 Tagen (Elektrotechnik) und 8,2 Tagen (IT/Telekommunikation).

Geprüft wurde, ob und inwieweit die Dauer der Diligence von der Größe des Zielunternehmens, operationalisiert durch den Umsatz, die Zahl der Mitarbeiter und die Bilanzsumme, abhängt. Sowohl die Steigungsmaße als auch die Bestimmtheitsmaße der Regressionsgeraden sind bei allen drei Kriterien schwach positiv ausgeprägt. Den höchsten Korrelationskoeffizienten weist der Zusammenhang zwischen der Dauer der Due Diligence und der Anzahl der Mitarbeiter des Zielunternehmens mit 0,42 auf, gefolgt von der Dauer und dem Umsatz des Zielunternehmens mit 0,36 sowie der Dauer und der Bilanzsumme mit 0,16.

Handlungsempfehlungen hinsichtlich der anzusetzenden Dauer einer Due Diligence können aus diesen drei Kriterien aufgrund des schwachen statistischen Zusammenhangs nicht abgeleitet werden. Offensichtlich beeinflussen noch andere Kontextfaktoren die Bestimmung des erforderlichen Umfangs einer Due Diligence.

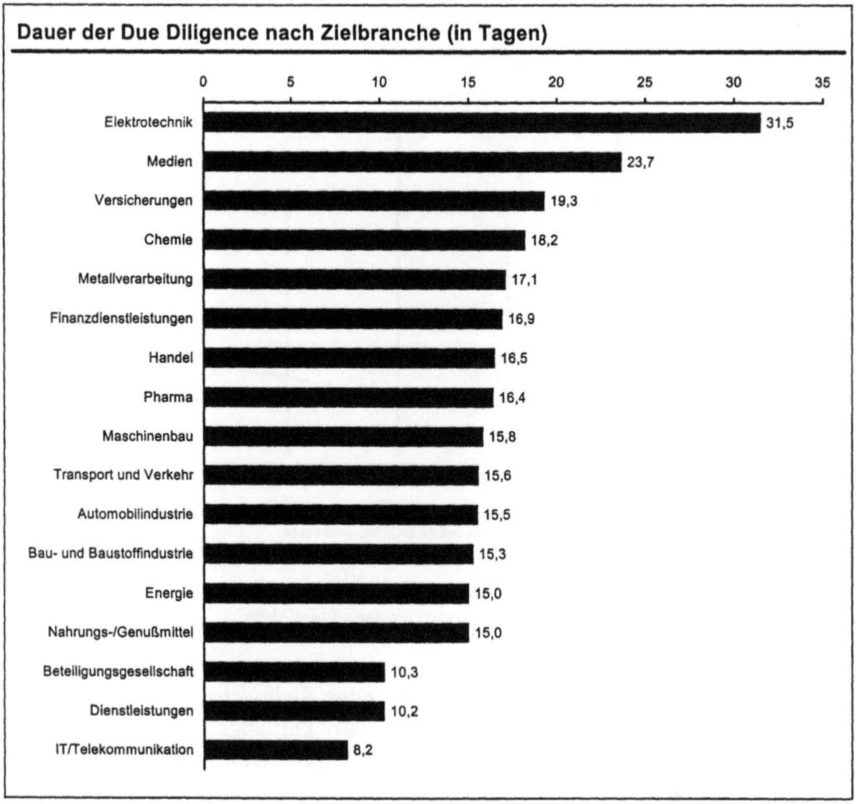

Abbildung 26: Dauer der Due Diligence nach Branche des Zielunternehmens (Auswahl) (N=198)

Zusätzlich von Interesse ist, ob die Dauer der Due Diligence von der Dauer des gesamten Akquisitionsprozesses abhängt. Die mittlere Dauer steigt von 9,7 Tagen bei Akquisitionsprozessen von unter drei Monaten bis auf 26,8 Tage bei Akquisitionsprozessen zwischen 15 und 18 Monaten an, dies allerdings unterproportional (Abbildung 27).

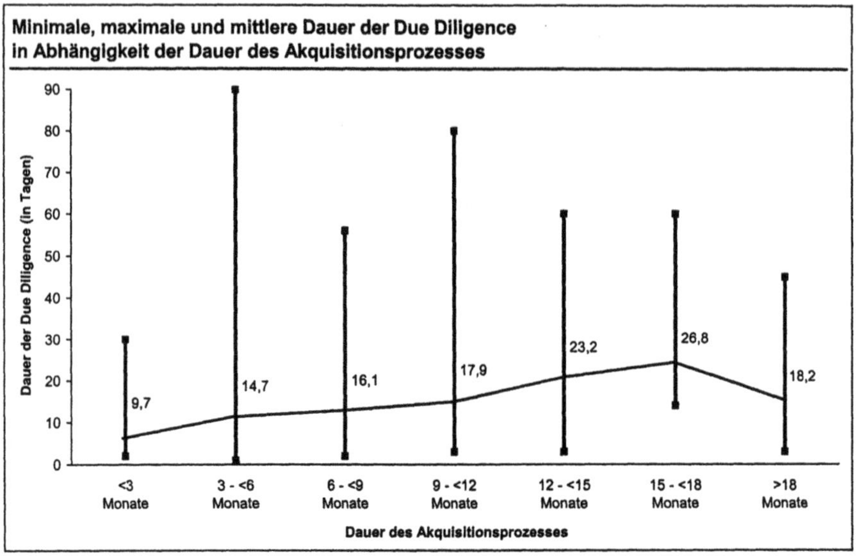

Abbildung 27: Dauer der Due Diligence in Abhängigkeit der Dauer des Akquisitionsprozesses (N=218)

Die Auswertung in Abbildung 27 stützt die enge Sichtweise von der Due Diligence, derzufolge die Due Diligence eine - relativ klar abgegrenzte und i.d.R. in zeitlicher Nähe des Vertragsabschlusses positionierte - Phase innerhalb des Akquisitionsprozesses darstellt. Der Begriff Due Diligence bezieht sich demnach nicht auf sämtliche Aktivitäten im Rahmen eines Akquisitionsprozesses und erstreckt sich folglich nicht über dessen Gesamtdauer beginnend mit der Aufnahme des Zielunternehmens in die Akquisitionsüberlegungen bis hin zum Closing.

5.4 Teilreviews und Zusammensetzung des 'Due Diligence-Teams'

Gegenstand des vierten Teils des Fragebogens sind die einzelnen Teilreviews (Analysebereiche) und die Zusammensetzung des Due Diligence-Teams. Festgestellt werden sollte der Verbreitungsgrad der Teilreviews und die Intensität, mit der diese bearbeitet werden, sowie welche Personengruppen an der Durchführung der Due Diligence beteiligt sind. Zu beantworten war die Frage in einer Tabelle (vgl. Seite 4 des Fragebogens, Anlage 8.3), die in den Spalten nach möglichen Teilreviews und in den Zeilen nach den beteiligten Personengruppen untergliedert ist. Ein ausführlicher, klar formulierter Bearbeitungshinweis zum Ausfüllen des Fragebogens wurde der Tabelle vorangestellt. Eine kurze Charakterisierung der einzelnen Teilreviews durch Angabe des jeweiligen Analyseschwerpunktes wurde zur Gewährleistung der Reliabilität und Validität an das Ende der Tabelle gestellt.

Die Gruppe der beteiligten Personen wurde unterteilt in interne Mitarbeiter - die Zuordnung erfolgte nach Abteilungen -, externe Berater, die den entsprechenden Herkunftsunternehmen zuzuordnen waren, sowie Mitarbeiter des Zielunternehmens, die dem Team des Käufers als Ansprech- und Auskunftspersonen zur Verfügung standen. Personen, die an der Prüfung beteiligt waren, jedoch keiner genannten Abteilung bzw. keinem der genannten Unternehmen eindeutig zugeordnet werden konnten, waren vom Befragten unter Nennung der jeweiligen Abteilung bzw. des jeweiligen Unternehmens unter den Punkt „Sonstige" einzutragen. Wurden Personen in mehreren Teilreviews eingesetzt, war deren Einsatzdauer anteilmäßig auf die Teilreviews zu verteilen, um jeden Bereich zu erfassen. Hierdurch kann die Intensität der Prüfung der Teilreviews gemessen werden. Die Maßeinheit ist „Manntage".[51] Ein weiterer Grund für die Aufteilung der Manntage ist die damit angestrebte Genauigkeit der Messung bzgl. der Prüfungsintensität der einzelnen Teilreviews.[52] Änderungen hinsichtlich der Zusammensetzung und der Größe des Teams im Verlauf der Due Diligence können durch die Auswertung der Antworten nicht ermittelt werden.

Die Auswertung der Tabelle leistet einen Beitrag zur Bestimmung der Prüfungsintensität und Schwerpunktbildung in den unterschiedlichen Teilreviews. Durch die Summenbildung der Spalten werden die Manntage pro Teilreview bestimmt. Die Bedeutung der einzelnen Teilreviews im Rahmen der Due Diligence kann durch den relativen Personenzeitanteil je Tätigkeitsbereich im Verhältnis zum gesamten Zeiteinsatz wiedergegeben werden. Außerdem kann die Zusammensetzung und die Größe des Due Diligence-Teams abgeleitet werden. Das Ziel war, genauere Aussagen über die Beteiligung der Mitarbeiter des Käuferunternehmens, der externen Berater sowie der Mitarbeiter des Zielunternehmens bzgl. der Teilreviews bei der Due Diligence abzuleiten.

---

[51] Die Fragestellung lautete nicht, wie viele Personen an der Due Diligence beteiligt waren, sondern wie zeitintensiv die Durchführung der Due Diligence war. Aus diesem Grunde wurde die Anzahl Manntage und nicht die Anzahl der beteiligten Personen erfragt.

[52] Beispiel: Nahm die Prüfung eines Tätigkeitsbereichs ein Drittel der Zeit einer Person in Anspruch, so kann diese Tatsache ohne Aufteilung der Manntage nicht genau gemessen werden. Entweder würde der Tätigkeitsbereich als nicht bearbeitet dargestellt oder er würde als von einer Person geprüft eingeordnet.

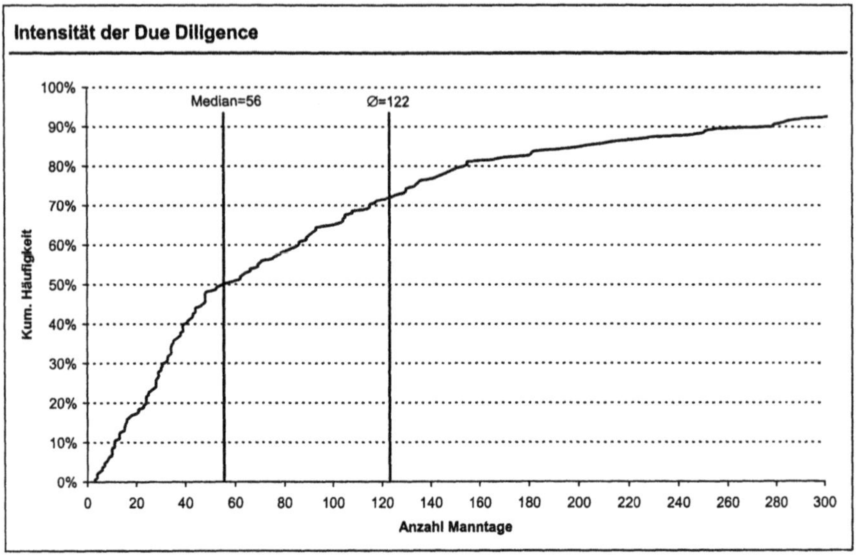

Abbildung 28: Intensität der Due Diligence (N=191)

In Abbildung 28 ist die in Manntagen gemessene Intensität der Due Diligence insgesamt dargestellt. Hierdurch soll gegenüber der Kennzahl 'Dauer der Due Diligence in Tagen' (vgl. Anschnitt 5.3) eine differenziertere Bestimmung des Umfangs der Due Diligence erreicht werden. Einbezogen sind sowohl die Mitarbeiter und externen Berater des Käufers als auch die Mitarbeiter auf der Seite der Zielunternehmens. Diese Sichtweise ist umfassender als bei einer alleinigen Betrachtung des Ressourceneinsatzes des Käuferunternehmens, da auf den gesamten personellen Einsatz während der Due Diligence abgestellt wird. Das arithmetische Mittel beträgt 122,3 Manntage. Hiervon entfallen auf das Team des Käuferunternehmens 100,8 Manntage (entspricht 82,4%) und auf das Zielunternehmen 21,5 Manntage (17,6%). Die mittleren 50% der Nennungen liegen zwischen 28,0 Manntagen (25%-Quartil) und 133,5 Manntagen (75%-Quartil) bei einem Median von 56,0 Manntagen.

In Verbindung mit den Antworten zur Dauer der Due Diligence in Tagen läßt sich durch jeweilige Division der Anzahl der Manntage durch die Anzahl der Tage die durchschnittliche Größe des Due Diligence-Teams bestimmen. Demnach waren an der Due Diligence im Durchschnitt 8,6 Personen pro Tag (arithmetischer Mittelwert) beteiligt, von denen 6,6 Personen aus dem Team des Käuferunternehmens und 2,0 Personen aus dem Zielunternehmen stammen. Der Median beträgt 5,2; das 25%-Quartil liegt bei 3,0 und das 75%-Quartil bei 10,1 Personen pro Tag.

Die Größe des Due Diligence-Teams wird in der Literatur oftmals in Verbindung mit den Koordinations- und Kommunikationsnotwendigkeiten innerhalb des Teams diskutiert. Vorliegende Auswertungen lassen eher auf kleinere Teams schließen: In einem Drittel der Fälle (33,2%) besteht das Team (Käufer- und Zielunternehmen) aus durchschnittlich weniger als vier Personen pro Tag. In lediglich 11,2% der 187 auswertbaren Antworten war das Team im Durchschnitt größer als 15; in 6,4% der Fälle größer als 20 Personen pro Tag. Wie viele verschiedene Personen an der Due Diligence beteiligt waren, läßt sich aufgrund dieser Auswertungen allerdings nicht angeben.

In Abbildung 26 wurde die Dauer der Due Diligence in Tagen in Abhängigkeit der Branche des Zielunternehmens dargestellt. In Abbildung 29 ist korrespondierend die Intensität der Due Diligence in Manntagen in Abhängigkeit der Branche des Zielunternehmens dargestellt.

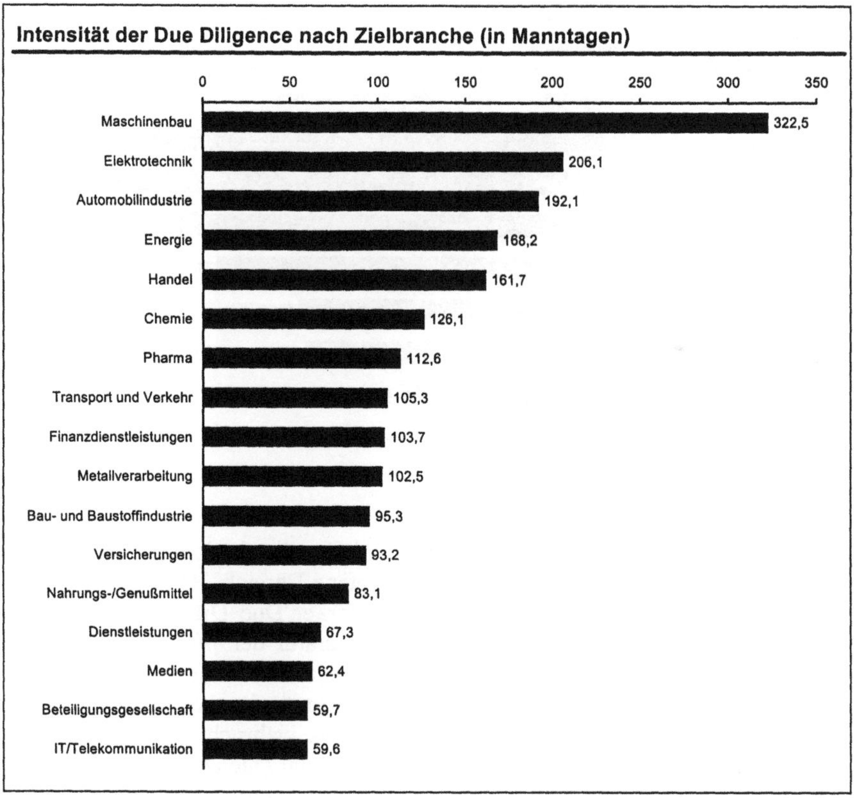

Abbildung 29: Intensität der Due Diligence nach Branche des Zielunternehmens (Auswahl) (N=156)

Nach der in den vorherigen Auswertungen untersuchten Dauer und Intensität der Due Diligence insgesamt und deren Einordnung in den Akquisitionsprozeß wird im folgenden eine inhaltliche Differenzierung nach der Art der Teilreviews vorgenommen. Ausgewertet wurde, wie häufig die einzelnen Teilreviews in einer Due Diligence vertreten sind, wie intensiv deren Bearbeitung erfolgt sowie welche Personen an welchen Teilreviews beteiligt sind.

5.4.1 Verbreitungsgrade der Teilreviews

Die Antworten wurden zunächst dahingehend ausgewertet, wie häufig die einzelnen Teilreviews in der Due Diligence vertreten sind. Als Ergebnis erhält man die Verbreitungsgrade für die einzelnen Teilreviews, wie sie in Abbildung 30 dargestellt sind.

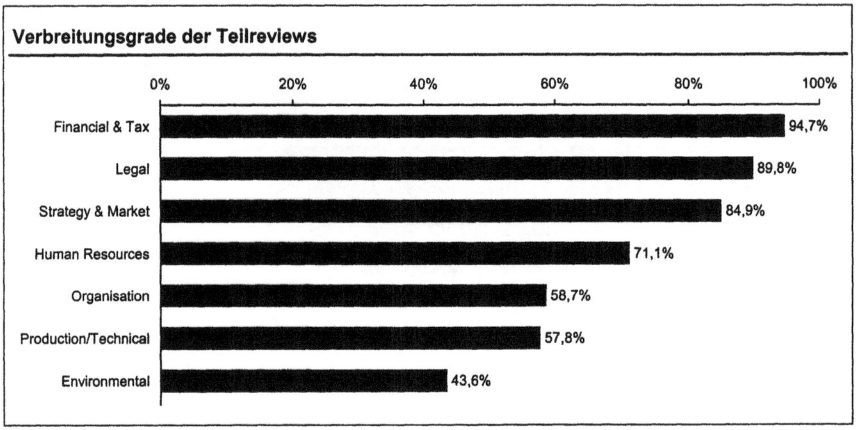

Abbildung 30: Verbreitungsgrade der Teilreviews (N=225)

Die Financial & Tax Due Diligence ist bei 94,7% aller befragten Unternehmen - erwartungsgemäß - der am häufigsten vertretene Bereich. Es folgen die Legal Due Diligence mit 89,8% und Strategy & Market Due Diligence mit 84,9%. Diese drei Teilreviews nehmen auch in der Literatur den breitesten Raum ein. Financial Due Diligence und Legal Due Diligence stellen die beiden tragenden Säulen der Due Diligence dar, da sie neben ihrer isolierten Betrachtung eine Querschnittsfunktion für die anderen Teilreviews wahrnehmen und deren Ergebnisse aufnehmen und verarbeiten. In der Financial Due Diligence erfolgt dies durch Verarbeitung aller finanziell relevanten Informationen im Unternehmenswert und im Kaufpreis und in der Legal Due Diligence durch Berücksichtigung der rechtlich relevanten Informationen im Kaufvertrag.

Einen hohen Verbreitungsgrad mit 71,1% weist weiterhin die Human Resources Due Diligence auf. Bei dieser stehen neben den „harten" personalwirtschaftlichen Aspekten wie bspw. Arbeitsverträgen und Entgeltvereinbarungen zunehmend die „weichen" Faktoren wie die Qualifikation des Managements und der Mitarbeiter sowie Fragen der Unternehmenskultur im Mittelpunkt. Die hohen Mißerfolgsquoten und die öffentliche Diskussion über die Gründe für das Scheitern von M&A haben diesen Aspekten in jüngster Zeit zu mehr Beachtung verholfen und dürften zu dem hohen Verbreitungsgrad der Human Resources Due Diligence beigetragen haben.

Die durchschnittlichen Verbreitungsgrade der Production/Technical Due Diligence und der Environmental Due Diligence rangieren auf den hinteren Plätzen. Die Durchführung dieser Teilreviews dürfte von der Branche des Zielunternehmens nicht unabhängig und daher nicht für alle Unternehmen gleichermaßen relevant sein. Diese Hypothese bestätigt sich bei einer branchenbezogenen Aufschlüsselung des Verbreitungsgrades, wie dies in Abbildung 31 erfolgt.

Verbreitungsgrade der Production/Technical und der Environmental Due Diligence nach Zielbranche

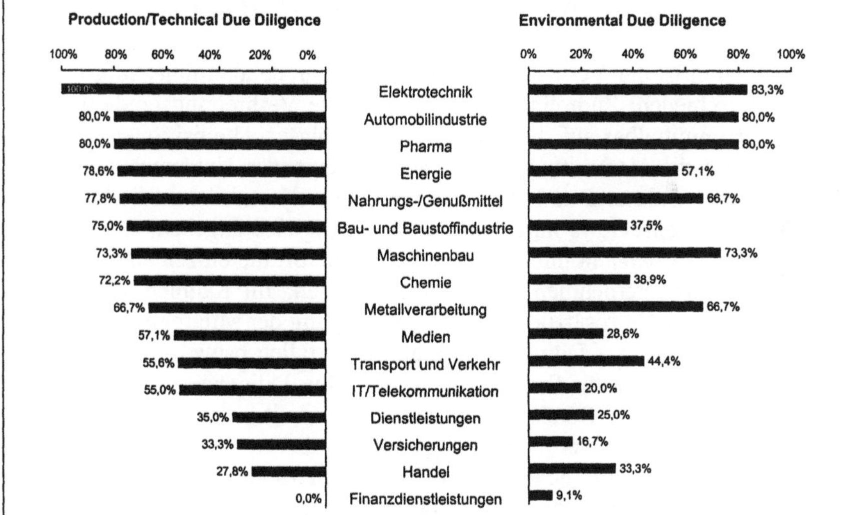

Abbildung 31: Verbreitungsgrade der Production/Technical und der Environmental Due Diligence nach Branche des Zielunternehmens (Auswahl) (N=180)

Die höchsten Verbreitungsgrade weisen sowohl für die Production/Technical als auch für die Environmental Due Diligence die Branchen Elektrotechnik, Automobil und Pharma mit Werten zwischen 80% und 100% auf. Bei der Production/Technical Due Diligence teilt der mittlere Verbreitungsgrad von 57,8% die Branchen des produzierenden Gewerbes auf den oberen Plätzen von den nicht produzierenden Branchen auf den unteren Plätzen. Ein ähnliches Bild liefert die Rangfolge der Verbreitungsgrade für die Environmental Due Diligence. Auffällig hier sind die Branchen Chemie sowie Bau- und Baustoffe, deren Verbreitungsgrad von 38,9% bzw. 37,5% unter dem mittleren Verbreitungsgrad der Environmental Due Diligence von 43,6% liegt.

5.4.2 Verbreitungsgrade der Teilreviews bei Marten/Köhler

In Abbildung 32 sind die Ergebnisse der empirischen Untersuchung von *Marten/ Köhler*[53] aus dem Jahre 1999 dargestellt. Hinsichtlich der Rangfolge decken sich die Ergebnisse mit denjenigen der vorliegenden Untersuchung (Abbildung 30). Hinsichtlich der Prozentsätze liegen die größten Differenzen in den Bereichen Market Due Diligence (84,9% ggü. 76,5%), gefolgt von Legal Due Diligence (89,8% ggü. 82,5%) und Technical Due Diligence (57,8% ggü. 50,9%).

Zu relativieren ist der Vergleich der Verbreitungsgrade allerdings aufgrund von zwei Unterschieden: Zum einen beziehen sich die Verbreitungsgrade bei *Marten/Köhler* unmittelbar auf die Anzahl durchgeführter Akquisitionen und Merger, während die Verbreitungsgrade nach vorliegender Untersuchung auf die Anzahl durchgeführter Due Diligences bezogen sind und damit die Häufigkeit der einzelnen Teilreviews innerhalb der Due Diligence angeben. Zum anderen fragten *Marten/Köhler* in ihrer Untersuchung, wie oft die einzelnen Teilreviews von den Käuferunternehmen durchgeführt wurden. Im Rahmen vorliegender Untersuchung wurde zusätzlich nach der Beteiligung der Mitarbeiter des Zielunternehmens an der Due Diligence gefragt. So entfallen bspw. auf den Verbreitungsgrad von 84,9% für Strategy & Market Due Diligence 6,2%-Punkte auf Fälle, in denen dieser Bereich allein durch Mitarbeiter des Zielunternehmens bearbeitet wurde. Wird der Verbreitungsgrad um diesen Wert bereinigt und damit auf diejenigen Fälle abgestellt, in denen Mitarbeiter des Käuferunternehmens oder externe Berater an dem Teilreview beteiligt waren, ergibt sich für den Bereich Strategy & Market mit 78,7% ein vergleichbarer Verbreitungsgrad wie bei *Marten/Köhler* (76,5%).

---

[53] Vgl. *Marten, K.-U.; Köhler, A. G.* (1999), S. 337ff. sowie Abschnitt 5.1.

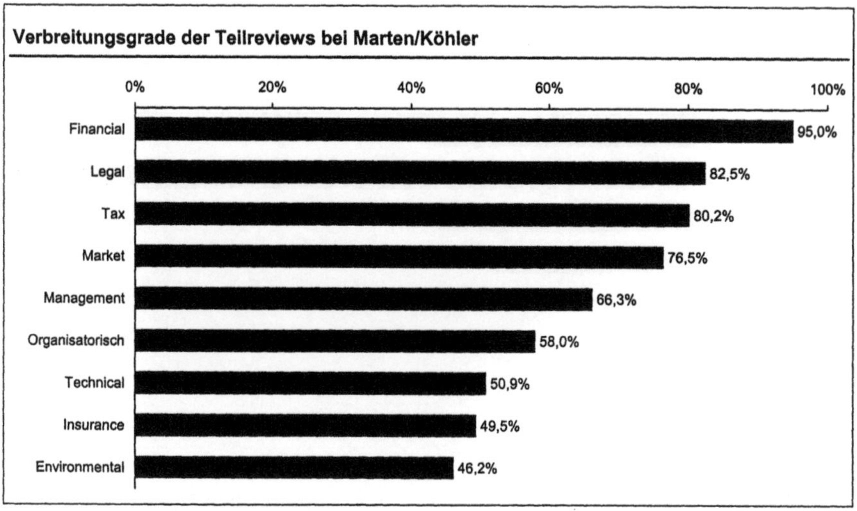

Abbildung 32: Verbreitungsgrade der Teilreviews bei Marten/Köhler

5.4.3 Intensität der Teilreviews

Die Verbreitungsgrade, mit der die Teilreviews in einer Due Diligence vertreten sind, stellen darauf ab, ob der entsprechende Bereich bearbeitet wurde oder nicht (0/1-Auswertung). Damit ist noch keine Aussage darüber getroffen, wie umfangreich die Bearbeitung erfolgte. Als Kriterium für diese Betrachtung wird die Intensität, gemessen in Manntagen, herangezogen.

In Abbildung 33 ist dargestellt, wie sich die Gesamtsumme der Manntage (wiederum einschließlich der Mitarbeiter des Zielunternehmens) auf die Teilreviews aufteilt. Zur besseren Vergleichbarkeit mit Abbildung 30 erfolgte die Sortierung nach dem Verbreitungsgrad der Teilreviews. Hinsichtlich der Rangfolge ergibt sich ein annähernd gleiches Bild wie bei der Darstellung der Verbreitungsgrade. Offensichtlich ist die Dominanz der Financial & Tax Due Diligence: Diese beansprucht 37,3% aller Manntage und 44,3% der um die Projektleitung bereinigten Manntage. Die Teilreviews Legal und Strategy & Market rangieren mit 15,5% bzw. 12,0% deutlich dahinter auf den Plätzen zwei und drei unter den Teilreviews. Damit ist die Fokussierung während der Due Diligence eindeutig auf die Daten des Rechnungswesen und die Analyse der finanziellen, wirtschaftlichen und steuerlichen Situation gerichtet.

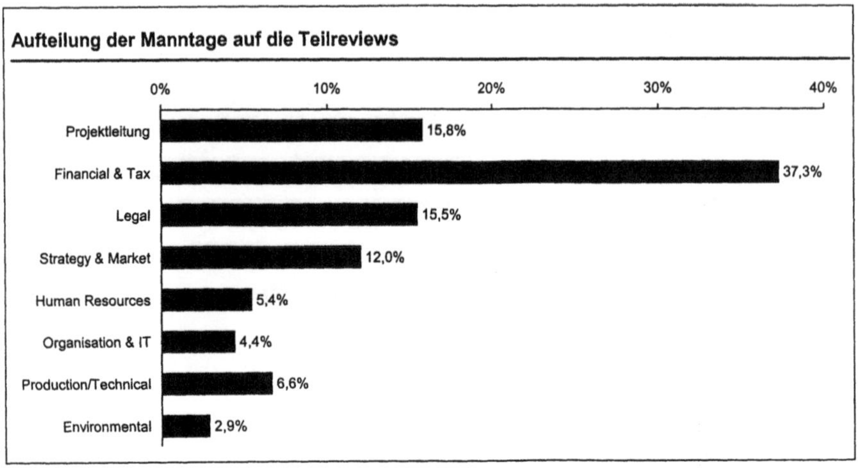

Abbildung 33: Anteile der Teilreviews an den gesamten Manntagen der Due Diligence (N=191)

Das Bild in Abbildung 33 könnte durch die Vernachlässigung der Verbreitungsgrade (Häufigkeiten), mit der die einzelnen Teilreviews durchgeführt werden, verzerrt sein. Diese wurden daher bei der folgenden Berechnung der durchschnittlichen Intensität der Teilreviews berücksichtigt (Abbildung 34).

Die durchschnittliche Intensität der Teilreviews, wie sie in Abbildung 34 dargestellt ist, wird gemessen, indem die Summe der Manntage eines Teilreviews dividiert wird durch die Häufigkeit, mit der der entsprechende Teilreview in den Antworten vertreten ist. Einbezogen sind wiederum die Manntage, die seitens der Mitarbeiter des Zielunternehmens geleistet wurden, um den personellen Einsatz aller an der Due Diligence Beteiligten abzubilden. Das Ergebnis der Auswertung beantwortet die Frage, wie viele Manntage durchschnittlich für ein Teilreview aufgebracht werden, sofern dieser beantwortet wurde. Das Bild aus Abbildung 33 bestätigt sich auch bei dieser die Verbreitungsgrade berücksichtigenden Darstellung. Der Bereich Financial & Tax ist nicht nur am häufigsten von allen Teilreviews bei einer Due Diligence vertreten und beansprucht den größten Teil der Manntage, sondern wird auch mehr als doppelt so intensiv wie die anderen Teilreviews bearbeitet (47,6 ggü. 20,7 Manntage für den Bereich Legal an zweiter Position). Lediglich bei der Production & Technical Due Diligence zeigt sich eine Abweichung gegenüber dem Rang nach dem Verbreitungsgrad: Die Bearbeitung dieses Bereiches ist - sofern durchgeführt - zeitintensiver als Human Resources, Organisation und Environmental.

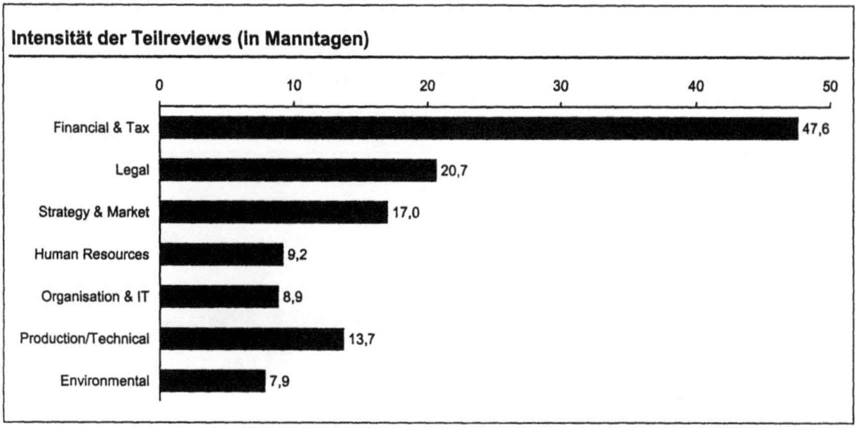

Abbildung 34: Intensität der Teilreviews (N=191)

Die Mitarbeiter des Zielunternehmens sind an der gesamten Due Diligence mit 21,5 Manntagen resp. mit 17,6% am Mittelwert von 122,3 Manntagen beteiligt (vgl. die Ausführungen zu Abbildung 28). Von den in Abbildung 34 dargestellten durchschnittlichen Manntagen entfallen im Bereich Financial & Tax Due Diligence 7,6 Manntage (entspricht 16,0% von 47,6 Manntagen) auf Mitarbeiter des Zielunternehmens. Im Bereich Legal Due Diligence sind dies 3,4 Manntage (16,4%), bei Strategy & Market 5,4 Manntage (31,8%), bei Human Resources 2,3 Manntage (25,0%), bei Organisation & IT 2,4 Manntage (27,0%), bei Production/Technical 4,1 Manntage (29,9%) und bei der Environmental Due Diligence 1,8 Manntage (22,8%).

5.4.4 Zusammensetzung des Due Diligence-Teams

Bei den folgenden Auswertungen liegt der Fokus auf der Zusammensetzung des Due Diligence-Teams im Hinblick auf die Herkunft der Teammitglieder. Diese können - wie bereits ausgeführt wurde - aus Abteilungen des Käuferunternehmens rekrutiert werden, als Berater oder Prüfer (durch das Käuferunternehmen) beauftragt sein oder aus dem Zielunternehmen selbst stammen.

Zunächst wird die Beteiligung externer Berater und Prüfer analysiert. Die Hinzuziehung externer Expertise wird unter Verweis auf das fehlende Know-how im Käuferunternehmen oftmals als charakteristisch für die Due Diligence angesehen. Zugleich eröffnet sich für Wirtschaftsprüfer, Rechtsanwälte, Unternehmensberater, Investmentbanken und sonstige Dienstleister aufgrund der hohen

M&A-Transaktionszahlen hier ein attraktives Geschäftsfeld und eine Verbreiterung ihres Dienstleistungsangebotes. Die folgenden Auswertungen zeigen, ob und inwieweit die Due Diligence durch den Käufer selbst durchgeführt wird oder dieser die Aufgabe durch Outsourcing delegiert.

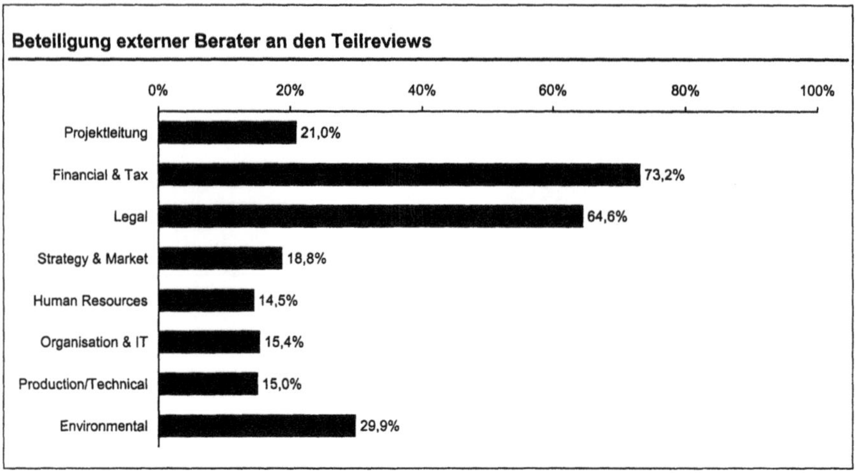

Abbildung 35: Häufigkeit der Beteiligung externer Berater und Prüfer an den Teilreviews (N=183)

In Abbildung 35 ist dargestellt, wie verbreitet die Inanspruchnahme externer Dienstleistungen im Rahmen der Teilreviews ist. Die prozentualen Werte zeigen an, wie häufig externe Berater an einem Teilreview beteiligt waren, sofern dieses bearbeitet wurde. Die hohen Prozentsätze in den Bereichen Financial & Tax sowie Legal sind durch die für diese Teilreviews prädestinierten Berufsgruppen (Wirtschaftsprüfer, Steuerberater, Rechtsanwälte) zu erklären. Auffällig ist des weiteren der hohe Prozentsatz im Bereich Environmental. Aufgrund der Vielzahl gesetzlicher Bestimmungen, Auflagen und Genehmigungserfordernisse und der hohen Risikopotentiale stellt der Umweltbereich oftmals eine Materie dar, für die spezifisches Know-how benötigt wird.

Über alle Teilreviews zusammen betrachtet leisten die Mitarbeiter des Käuferunternehmens 64,0% und die externen Berater 36,0% der Manntage des Käufer-Teams. In Ergänzung zur Auswertung in Abbildung 35 sind in Abbildung 36 die Anteile der in den Teilreviews jeweils geleisteten Manntage gegenübergestellt. Lediglich die Financial & Tax Due Diligence wird mit 56,7% mehrheitlich durch Externe durchgeführt. Die hohen Quoten der Beteiligung (Abbildung 35) von nahezu 3/4 im Bereich Financial & Tax und nahezu 2/3 im Bereich Legal finden in Abbildung 36 keine Entsprechung. Der Grund hierfür ist, daß es sich in den Fällen der Beteiligung Externer tatsächlich um eine Beteiligung im Sinne einer Hinzuziehung und nicht um ein vollständiges Outsourcing handelt. So ist der Käufer bei der Financial & Tax Due Diligence in 93,4% der Fälle und bei der Legal Due Diligence in 85,1% der Fälle selbst involviert.

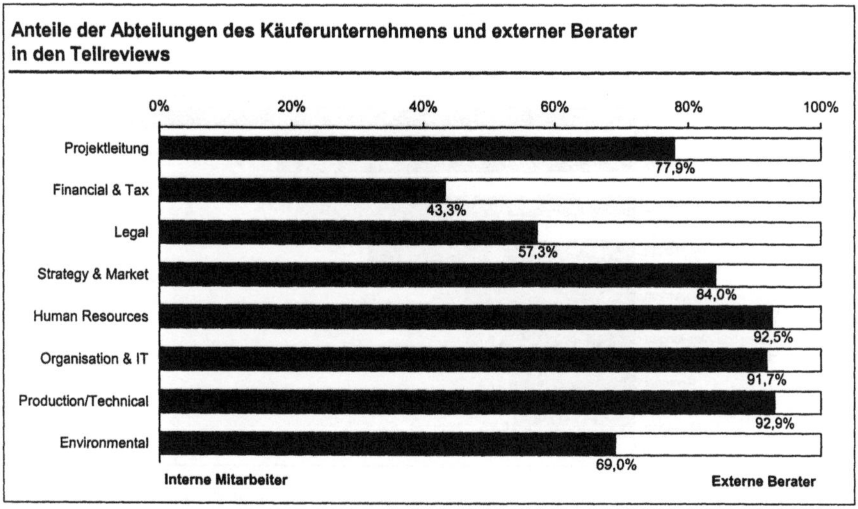

Abbildung 36: Anteile der Abteilungen des Käuferunternehmens und der externen Berater/Prüfer an den Manntagen des Käuferunternehmens in den jeweiligen Teilreviews (N=183)

Abbildung 37 und Abbildung 38 zeigen den Beitrag der Personengruppen an den geleisteten Manntagen. Hierbei stellt Abbildung 37 auf die Summe der Manntage des Käuferunternehmens und deren Aufteilung auf die internen Abteilungen ab. Entsprechend der Bedeutung der Financial & Tax Due Diligence sind die Mitarbeiter aus den Abteilungen Controlling, Finanzen, Steuern am meisten involviert und bringen 1/4 der gesamten Manntage auf, wobei sich der Bereich Financial & Tax nicht vollständig mit den Abteilungen Controlling, Finanzen, Steuern deckt: Von den 25,4% an der Summe der Manntage dieser Abteilungen entfallen 6,3%-Punkte auf andere Teilreviews oder die Projektleitung (vgl. die Gesamtübersicht in Abbildung 39).

Mit 17,6% der Manntage ist des weiteren der Vorstand bzw. die Geschäftsführung selbst während der Due Diligence engagiert und hiervon schwerpunktmäßig mit Projektleitung (zu 45,2%), Strategy & Market (zu 21,5%) und Financial & Tax (zu 12,9%) beschäftigt. Viele Unternehmen haben mittlerweile eine eigene Abteilung für die Initiierung und Abwicklung von M&A-Transaktionen etabliert. Dies schlägt sich auch in der Abbildung 37 nieder, in der die M&A-Abteilung mit 16,7% der Manntage des Käuferunternehmens auf dem dritten Platz rangiert.

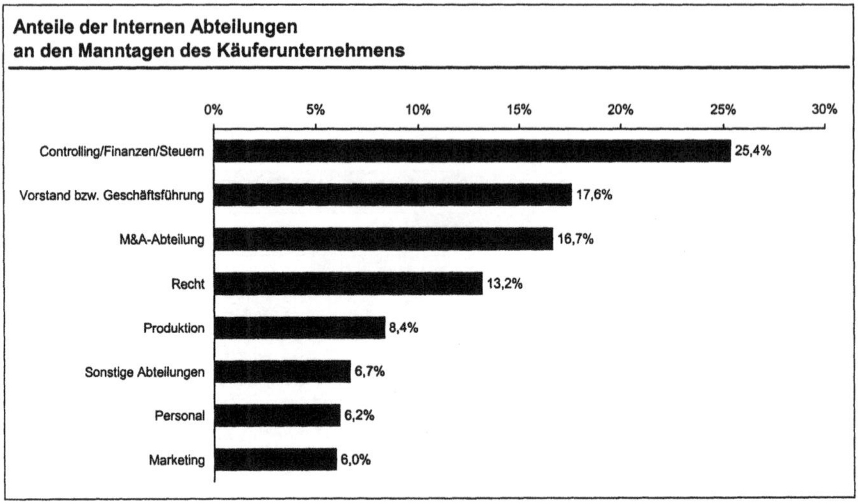

Abbildung 37: Anteile der Abteilungen des Käuferunternehmens an den Manntagen des Käuferunternehmens (N=183)

In Abbildung 38 sind sämtliche beteiligten Personengruppen und deren Anteile an der Gesamtsumme der für die Due Diligence aufgebrachten Manntage aufgelistet. Die am stärksten vertretene Gruppe stellen die Wirtschaftsprüfungsgesellschaften (einschl. Steuerberatergesellschaften) dar. Diese sind zwar - naturgemäß - hauptsächlich im Rahmen der Financial & Tax Due Diligence engagiert. Allerdings entfallen 3,3%-Punkte von den 19,2% auf die Projektleitung, womit die WP-Gesellschaften bei der Projektleitung hinter der M&A-Abteilung (5,7%) und dem Vorstand bzw. der Geschäftsführung (4,2%) auf dem dritten Rang plaziert sind.

Auffällig ist der geringe Anteil der Unternehmensberatungen (3,8%) sowie der Banken bzw. Investmentbanken (0,9%). Einerseits könnte sich hier eine Aufgabenverteilung dahingehend abzeichnen, daß diese verstärkt für die Anbahnung und die Begleitung des gesamten Akquisitionsprozesses verantwortlich sind und die Durchführung der Due Diligence den Wirtschaftsprüfern und Rechtsanwälten - bzw. nach vorliegenden Ergebnissen dem Käufer selbst - überlassen. Eine andere Erklärung wäre, daß insbesondere Banken und Investmentbanken in der deutschen Akquisitionspraxis - mit dem hohen Anteil kleinerer Transaktionen im mittelständischen Bereich - nicht die Bedeutung aufweisen, die ihnen in der Wirtschaftspresse und der wissenschaftlichen Literatur oftmals beigemessen wird.

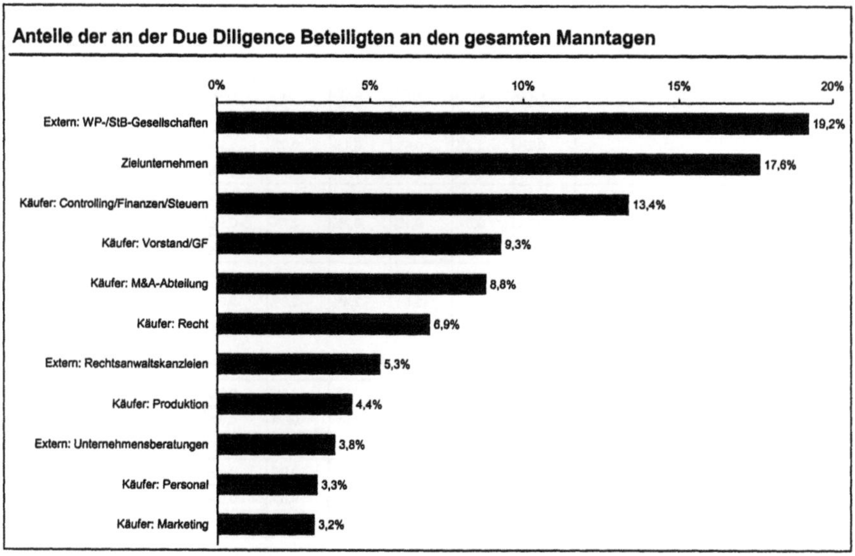

Abbildung 38: Anteile der an der Due Diligence Beteiligten
an den gesamten Manntagen der Due Diligence (N=183)

Abbildung 39 stellt in einer Gesamtübersicht die Anteile der beteiligten Personengruppen in den einzelnen Teilreviews, bezogen auf die Summe der Manntage für die Due Diligence, zusammen. Die als relevant erachteten Auswertungen hieraus wurden in den vorherigen Abbildungen graphisch dargestellt und kommentiert.

Beteiligte Personen \ Analysebereiche	Projektleitung	Strategy & Market	Financial & Tax	Legal	Human Resources	Organisation & IT	Production/ Technical	Environmental	Summe
Interne Mitarbeiter									
Vorstand bzw. Geschäftsführung	4,2%	2,0%	1,2%	0,4%	0,4%	0,5%	0,3%	0,1%	**9,3%**
M&A-Abteilung	5,7%	1,6%	0,9%	0,2%	0,1%	0,1%	0,1%	0,0%	**8,8%**
Marketing	0,2%	2,2%	0,6%	0,1%	0,0%	0,1%	0,0%	0,0%	**3,2%**
Controlling/Finanzen/Steuern	1,2%	0,6%	10,1%	0,6%	0,2%	0,4%	0,2%	0,1%	**13,4%**
Recht	0,6%	0,0%	0,2%	5,7%	0,2%	0,1%	0,0%	0,1%	**6,9%**
Personal	0,0%	0,0%	0,1%	0,2%	2,7%	0,1%	0,2%	0,0%	**3,3%**
Produktion	0,1%	0,2%	0,1%	0,1%	0,1%	0,4%	3,0%	0,6%	**4,4%**
Sonstige Abteilungen	0,3%	0,2%	0,3%	0,2%	0,1%	1,3%	0,5%	0,6%	**3,5%**
Summe interne Mitarbeiter	**12,3%**	**6,9%**	**13,5%**	**7,4%**	**3,8%**	**2,9%**	**4,3%**	**1,6%**	**52,7%**
Externe Prüfer/Berater									
Wirtschaftsprüfungsgesellschaften	3,2%	0,5%	12,4%	0,9%	0,1%	0,1%	0,1%	0,0%	**17,3%**
Steuerberatungsgesellschaften	0,1%	0,0%	1,6%	0,3%	0,0%	0,0%	0,0%	0,0%	**1,9%**
Rechtsanwaltskanzleien	0,1%	0,4%	0,5%	4,0%	0,1%	0,0%	0,0%	0,2%	**5,3%**
Unternehmensberatungen	0,1%	0,0%	2,9%	0,3%	0,1%	0,1%	0,2%	0,2%	**3,8%**
Banken bzw. Investmentbanken	0,0%	0,4%	0,5%	0,0%	0,0%	0,0%	0,0%	0,0%	**0,9%**
Sonstige Dienstleister	0,0%	0,0%	0,0%	0,0%	0,0%	0,0%	0,0%	0,3%	**0,4%**
Summe externe Prüfer/Berater	**3,5%**	**1,3%**	**17,7%**	**5,5%**	**0,3%**	**0,3%**	**0,3%**	**0,7%**	**29,7%**
Mitarbeiter des Zielunternehmens		**3,8%**	**6,0%**	**2,6%**	**1,3%**	**1,2%**	**2,0%**	**0,7%**	**17,6%**
Summe gesamt	**15,8%**	**12,0%**	**37,3%**	**15,5%**	**5,4%**	**4,4%**	**6,6%**	**2,9%**	**100,0%**

Abbildung 39: Anteile der Beteiligten und der Teilreviews an den gesamten Manntagen der Due Diligence (N=183)

5.5 Informationsquellen der Due Diligence

Der Zugang zu Informationsquellen stellt neben der Organisation des Due Diligence-Teams einen zentralen Aspekt im Rahmen der Planung einer Due Diligence dar. Gefragt wurde, welche Informationsquellen genutzt wurden und welche Bedeutung diesen im einzelnen beigemessen wird. Es wurde eine Skala zur Einordnung der Bedeutung von sehr gering bis sehr groß vorgegeben.

Als Informationsquellen werden in der Literatur üblicherweise Gespräche mit Mitarbeitern, Betriebsbesichtigungen, Präsentationen des Managements, Befragungen Unternehmensexterner, öffentlich verfügbare Informationen sowie die Auswertung von Dokumenten des Zielunternehmens genannt.

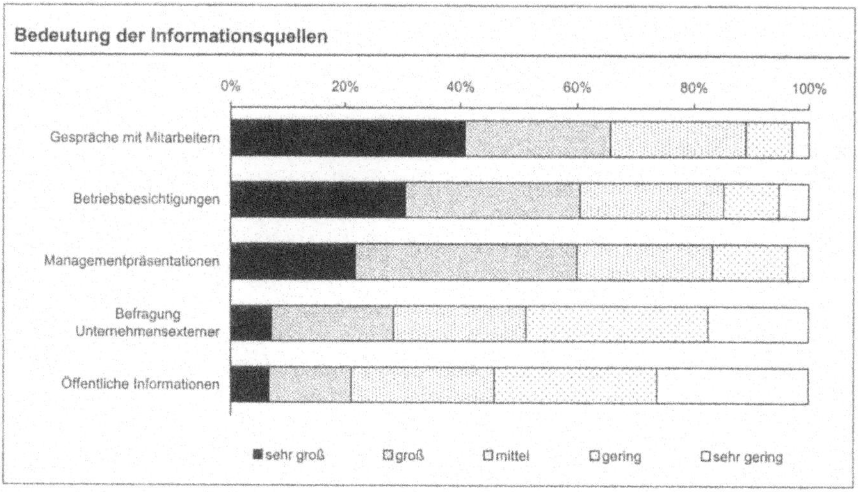

Abbildung 40: Bedeutung der Informationsquellen (N=235)

In Abbildung 40 sind die Informationsquellen - mit Ausnahme der Dokumente des Zielunternehmens, denen ein eigener Fragenblock gewidmet wurde - und deren Bedeutung dargestellt, wie sie von den befragten Käuferunternehmen eingeschätzt wurden.

Bei 92,1% erfolgte während der Due Diligence eine Betriebsbesichtigung, eine Managementpräsentation bei 91,5% und Gespräche mit Mitarbeitern des Zielunternehmens führten 87,4% der Käuferunternehmen. Öffentlich zugängliche Informationen über das Zielunternehmen werteten 84,3% aus und Unternehmensexterne (Kunden, Lieferanten, Branchenkenner) wurden zu 79,9% während der Due Diligence befragt.

Die größte Bedeutung wird den Gesprächen mit Mitarbeitern des Zielunternehmens (sehr große und große Bedeutung von zusammen 65,7%), gefolgt von der Betriebsbesichtigung (60,5%) und der Managementpräsentation (60,0%) beigemessen. Weit dahinter rangieren die Befragungen Unternehmensexterner und die öffentlichen Informationen mit Werten für sehr große und große Bedeutung von 28,4% und 21,1%.

5.5.1 Offenlegungsgrade der Unterlagen des Zielunternehmens

Neben den in Abbildung 40 dargestellten Informationsquellen besitzen die schriftlichen Dokumente des Zielunternehmens eine besondere Bedeutung bei der Informationsbeschaffung. Charakteristisch für diese Unterlagen ist, daß sie ohne die Bereitschaft des Verkäufers, diese zur Verfügung zu stellen, weitgehend nicht erhältlich sind.

Im gewährleistungsrechtlichen Sinne ist im Falle späterer Rechtsstreitigkeiten über Sach- oder Rechtsmängel des Unternehmens entscheidend, ob der Käufer vor dem Kauf hiervon Kenntnis besaß oder nicht. Ein Verkäufer hat einen Mangel dann nicht zu vertreten, wenn der Käufer den Mangel kannte. Sofern er den Mangel nicht kannte, ist zu unterscheiden, ob der Verkäufer eine Offenlegungspflicht verletzt hat oder es hingegen die Verpflichtung des Käufers war, sich nach bestimmten Eigenschaften des Unternehmens zu erkundigen. Diese Verpflichtung besteht, sofern die Durchführung einer Due Diligence eine Verkehrssitte darstellt, mithin nach allgemeinem kaufmännischem Verständnis im Rahmen eines Unternehmenskaufs üblicherweise stattfindet.

In diesem Sinne sollte abgeleitet werden, welche Informationen üblicherweise im Vorfeld ausgetauscht werden und welche nicht. Darüber hinaus ist entscheidend, ob der Verkäufer bzw. das Zielunternehmen diese Unterlagen vorab und unverlangt zur Verfügung stellt und damit aktiv den Käufer über das Unternehmen in Kenntnis setzt oder die Unterlagen erst auf Nachfrage des Käufers bereitstellt.

In Abbildung 41 ist dargestellt, ob die im Fragebogen aufgeführten Unterlagen zur Verfügung gestellt wurden oder nicht; zunächst unabhängig von der Frage, auf wessen Initiative die Bereitstellung (vorab durch den Verkäufer oder erst auf Anfrage des Käufers) erfolgte. Den höchsten Wert der Bereitstellung weisen erwartungsgemäß die Jahresabschlüsse mit 97,9% auf. Diese sind, in Abhängigkeit der Rechtsform und der Größe des Unternehmens, aufgrund handels- und gesellschaftsrechtlicher Publizitätspflichten oftmals ohnehin öffentlich verfügbar. Informationen des internen Rechnungswesens, wie bspw. Planungsrechnungen (89,2%) oder Sparten-, Deckungsbeitrags- und Ergebnisrechnungen (75,9%), werden bereits weniger oft zur Verfügung gestellt. Sonstige Unterlagen zeigen fast durchweg hohe bis sehr hohe Quoten der Bereitstellung. Am unteren Ende des Spektrums mit unter 70% stehen die offenbar sensibleren Informationen in Form der Protokolle der Gesellschafterversammlungen (69,8%), Marktanalysen (55,7%) und Risikoauswertungen (37,7%). Letztere Position weist als einzige einen Wert von unter 50% auf. Ein Grund hierfür kann auch sein, daß diese Informationen im Zielunternehmen nicht vorlagen.

Die Auswertung der Abbildung 41 und die hohen Quoten der Bereitstellung der Unterlagen führen zu dem Fazit, daß der Informationsaustausch zwischen Zielunternehmen und Käufer offenbar recht ausgeprägt ist. Sofern eine Due Diligence durchgeführt wird, wie dies bei 3/4 aller Akquisitionen der Fall ist (vgl. Abschnitt 5.1), kann entsprechend von einer breiten Informationsbasis ausgegangen werden. Nicht deckungsgleich hiermit ist die Frage, ob die Auswertung der Informationen auch adäquat erfolgte und die Konsequenzen in Form der Absicherung gegen evtl. Risiken im Einzelfall richtig gezogen wurden. Allerdings bietet die Übersicht der Abbildung 41 einen Anhaltspunkt, welche Informationsbasis bei einer Due Diligence zugrunde gelegt werden kann und mit welchen Unterlagen sich der Käufer beschäftigen sollte, um bei späteren rechtlichen Auseinandersetzungen nicht dem Vorwurf einer nachlässigen Prüfung des Zielunternehmens ausgesetzt zu sein.

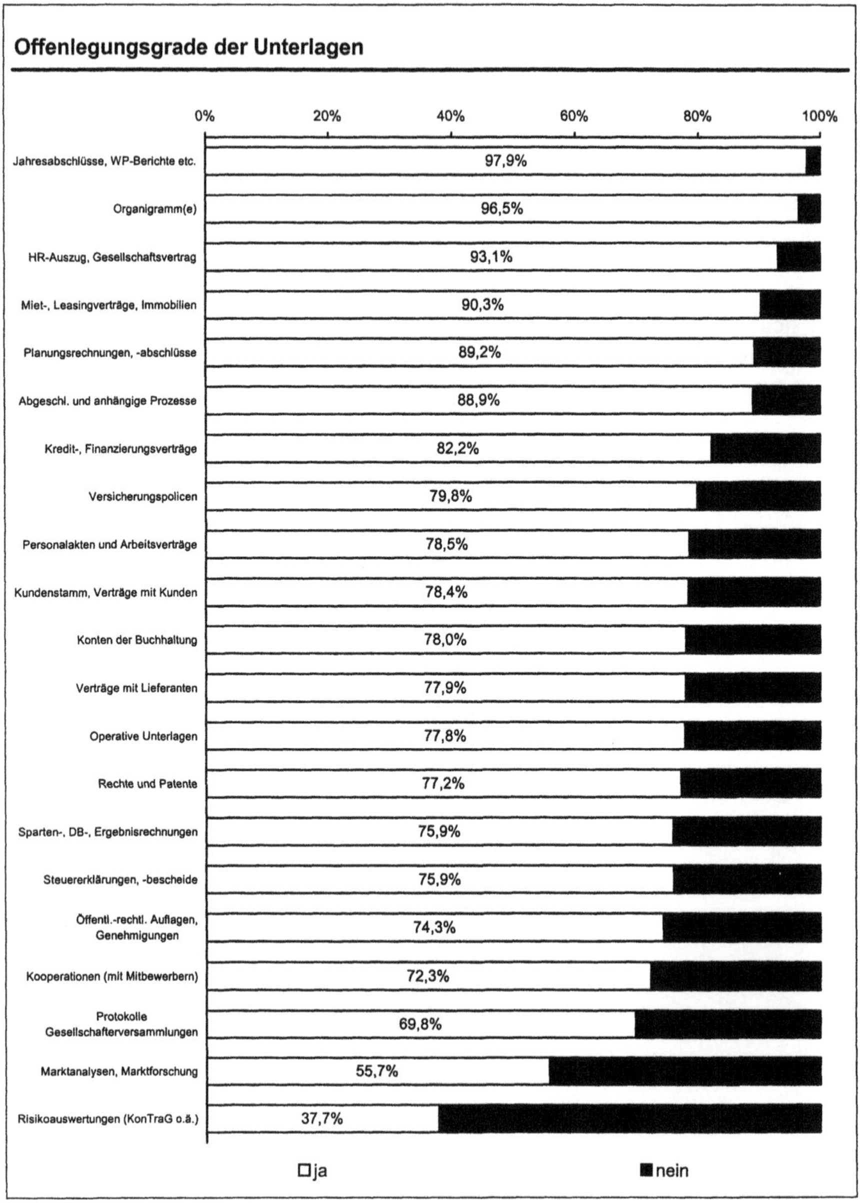

Abbildung 41: Unterlagen des Zielunternehmens nach dem Grad der Offenlegung (N=232)

Wurden die Unterlagen offengelegt, ist ferner von Interesse, ob der Verkäufer bzw. das Zielunternehmen diese von sich aus vorab dem Käufer übergeben hat oder der Käufer diese explizit anfordern mußte. In Abbildung 42 ist daher auf die zur Verfügung gestellten Unterlagen insgesamt abgestellt (entspricht 100%) und bei diesen danach differenziert, inwieweit der Verkäufer diese vorab zur Verfügung stellte.

Die Auswertung in Abbildung 41 zeigt, daß viele der aufgeführten Unterlagen letztlich Gegenstand des Informationsaustauschs im Rahmen der Due Diligence sind. Abbildung 42 zeigt nun weitergehend, daß die meisten Unterlagen erst auf explizites Verlagen des Käuferunternehmens offengelegt werden. Lediglich die in der Rangfolge ersten vier Positionen (Organigramme, Jahresabschlüsse, Planungsrechnungen, Handelsregisterauszug bzw. Gesellschaftsvertrag) werden in über 50% der Nennungen ohne Verlangen des Käufers übergeben. Auf den unteren Plätzen rangieren Konten der Buchhaltung sowie Personalakten und Arbeitsverträge. Diese Unterlagen einzusehen verlangt in mehr als 3/4 der Fälle die aktive Informationsanfrage des Käuferunternehmens.

Insgesamt zeigt die Auswertung, daß die Bereitstellung und Einsicht in Unterlagen eine Holschuld des Käufers ist. Obgleich der Austausch der Informationen im Vorfeld der Akquisition in den meisten Fällen einen Konsens darstellt, wie dies Abbildung 41 zeigt, ist der Käufer gefragt, seine Informationsbedürfnisse zu definieren und diese dem Verkäufer zu artikulieren. Dies geschieht im Rahmen des Akquisitionsprozesses oftmals durch die sog. *due diligence information request list*, die der Käufer auf der Basis seiner Checkliste und sonstigen Fragen an den Verkäufer zusammenstellt und dem Verkäufer übermittelt.

Ein anderes Ergebnis im Hinblick auf die Frage, ob der Verkäufer Unterlagen von sich aus zur Verfügung stellt oder der Käufer diese anfordern muß, wäre zu erwarten, wenn sich die Praxis der Einrichtung eines sog. *data room* bereits weiter durchgesetzt hätte. In diesem stellt der Verkäufer diejenigen Dokumente zusammen, die er im Rahmen der Due Diligence offenzulegen bereit ist. Dieses Verfahren ist für standardisierte Verkaufsprozesse im Rahmen einer Auktion bekannt. Die Antworten zur Art des Transaktionsverfahrens (vgl. Abbildung 20) zeigen, daß nahezu die Hälfte der Akquisitionen im Rahmen einer Exklusivverhandlung stattfinden und lediglich 8,0% der Akquisitionen im Wege der Auktion erfolgen. Dieses Ergebnis deckt sich insoweit mit den Ergebnissen an dieser Stelle zur Initiierung des Informationsaustauschs.

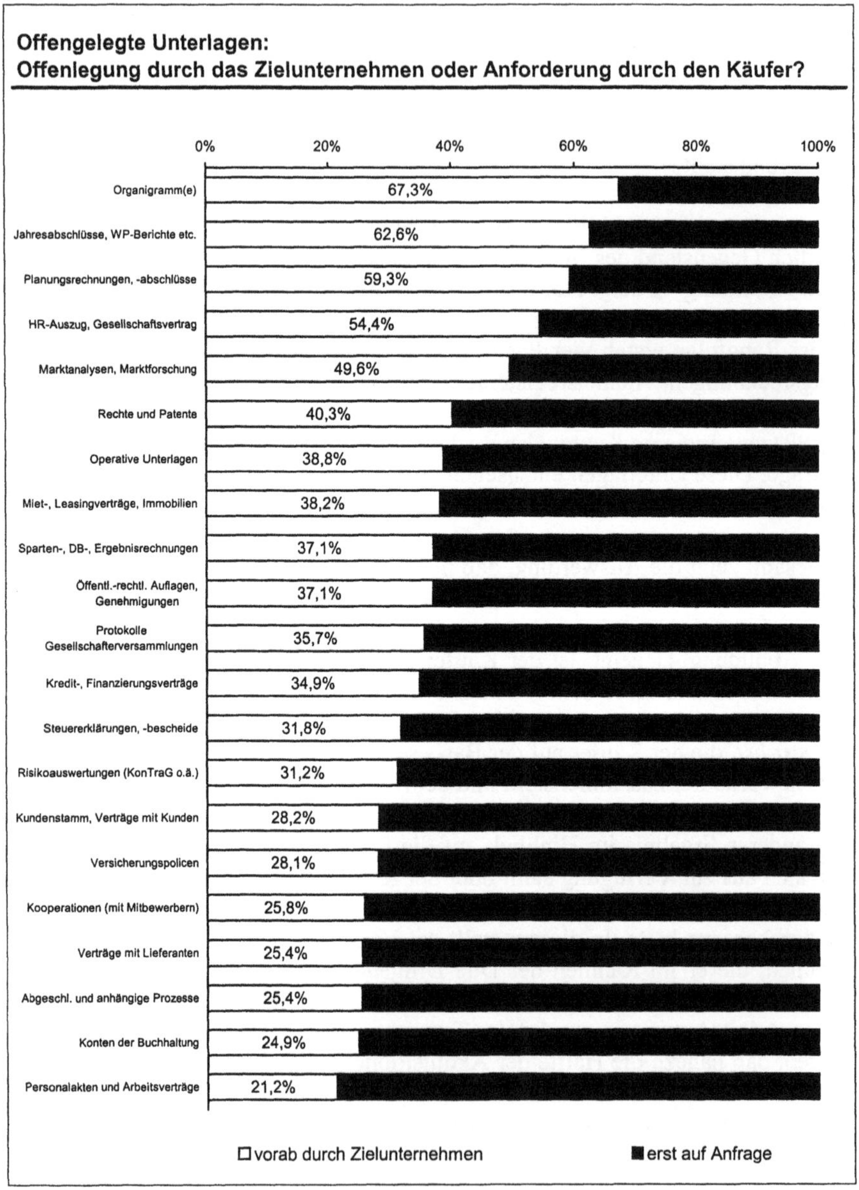

Abbildung 42: Offengelegte Unterlagen des Zielunternehmens nach dem Grad der Vorab-Offenlegung durch das Zielunternehmen (N=232)

Die nächste Auswertung korrespondiert mit der Fragestellung, die der Abbildung 42 zugrunde liegt. Sofern Unterlagen des Zielunternehmens während der Due Diligence nicht eingesehen wurden, ist von Interesse, ob der Käufer diese nicht angefordert hat oder ob ihm diese Informationen ausdrücklich seitens des Verkäufers vorenthalten wurden.

In Abbildung 43 ist für den Fall, daß Unterlagen nicht zur Verfügung gestellt wurden, daher aufgeführt, inwiefern dies darauf beruht, daß der Käufer diese nicht angefordert hat oder eben angefordert, aber nicht vom Verkäufer erhalten hat. Die hohen Prozentwerte der nicht angeforderten Unterlagen zeigen, daß der nicht erfolgte Informationsaustausch in der überwiegenden Zahl der Fälle darauf zurückzuführen ist, daß der Käufer sich nicht für die Informationen interessierte. Am unteren Ende der Rangfolge befinden sich die Informationen über den Kundenstamm, Sparten-, Deckungsbeitrags- und Ergebnisrechnungen sowie Planungsrechnungen. Sofern diese Unterlagen nicht zu erlangen waren, ist hierfür zu 37,5%, 47,2% bzw. 54,2% das Zielunternehmen verantwortlich, das diese nicht offenlegen wollte.

Das Fazit aus diesen Ergebnissen fällt für Käufer und Verkäufer folgendermaßen aus: Der Käufer wird sich im Falle nicht eingesehener Dokumente in der Regel nicht auf die Position zurückziehen können, entsprechende Informationen wären aufgrund der Sensibilität der Daten und aufgrund von Geheimhaltungserfordernissen ohnehin nicht zu erlangen gewesen. Der Verkäufer hingegen kann im Falle der Nichtbereitstellung dem Käufer entgegenhalten, daß dieser die Informationen schließlich hätte anfordern können und sich darauf berufen, daß eine Verweigerung der Herausgabe der Informationen unüblich ist und auch nicht erfolgt wäre.

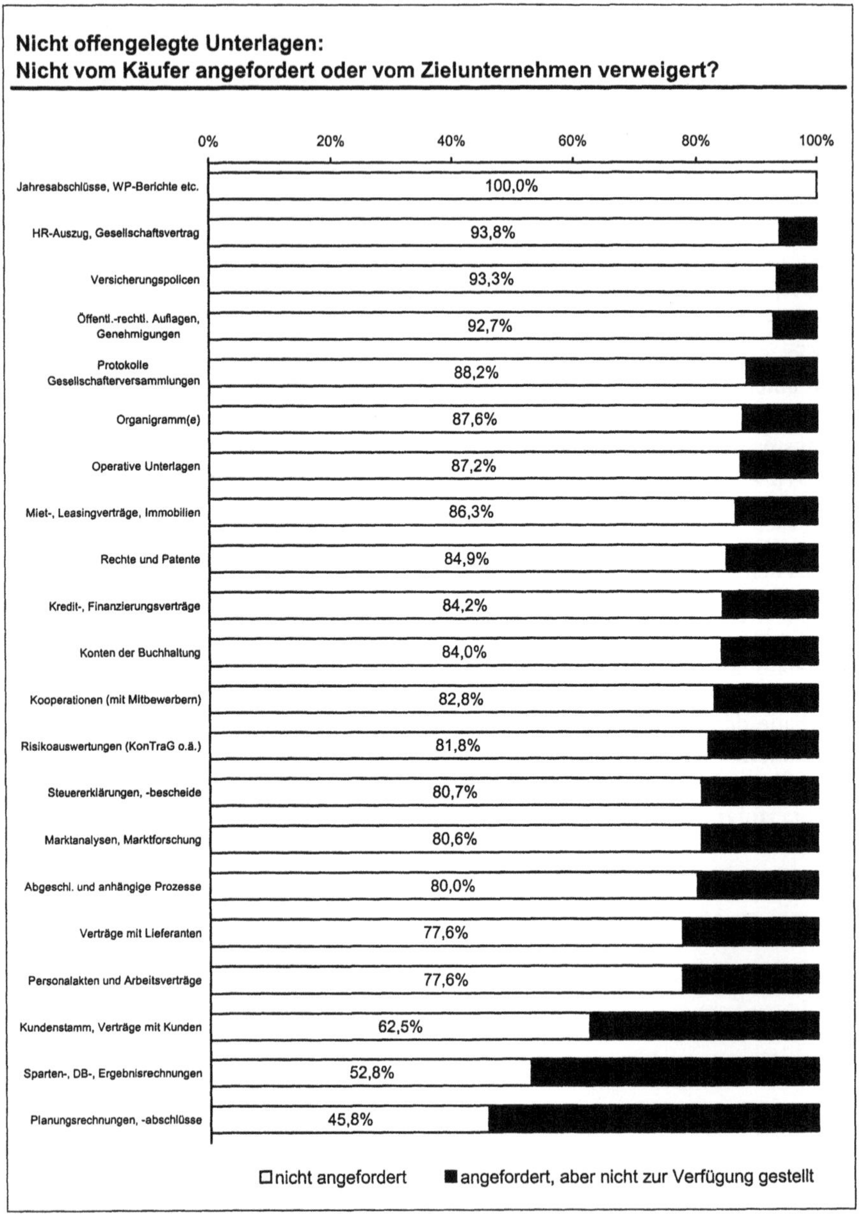

Abbildung 43: Nicht offengelegte Unterlagen
nach dem Grad der Nichtanforderung durch den Käufer (N=232)

5.5.2 Bedeutung der Unterlagen des Zielunternehmens

Über die Frage hinaus, inwieweit die Unterlagen während der Due Diligence offengelegt werden, interessiert, ob der Käufer diesen Unterlagen eine entsprechende Bedeutung beimißt. Im Idealfall sollten der Grad der Bereitstellung und die Höhe der Bedeutung korrelieren und mithin Informationsnachfrage und Informationsangebot in Einklang stehen. Die Auswertung der Frage nach der Bedeutung der Unterlagen ist in Abbildung 44 dargestellt. Sortierungskriterium ist die Summe der Prozentsätze für große und sehr große Bedeutung.

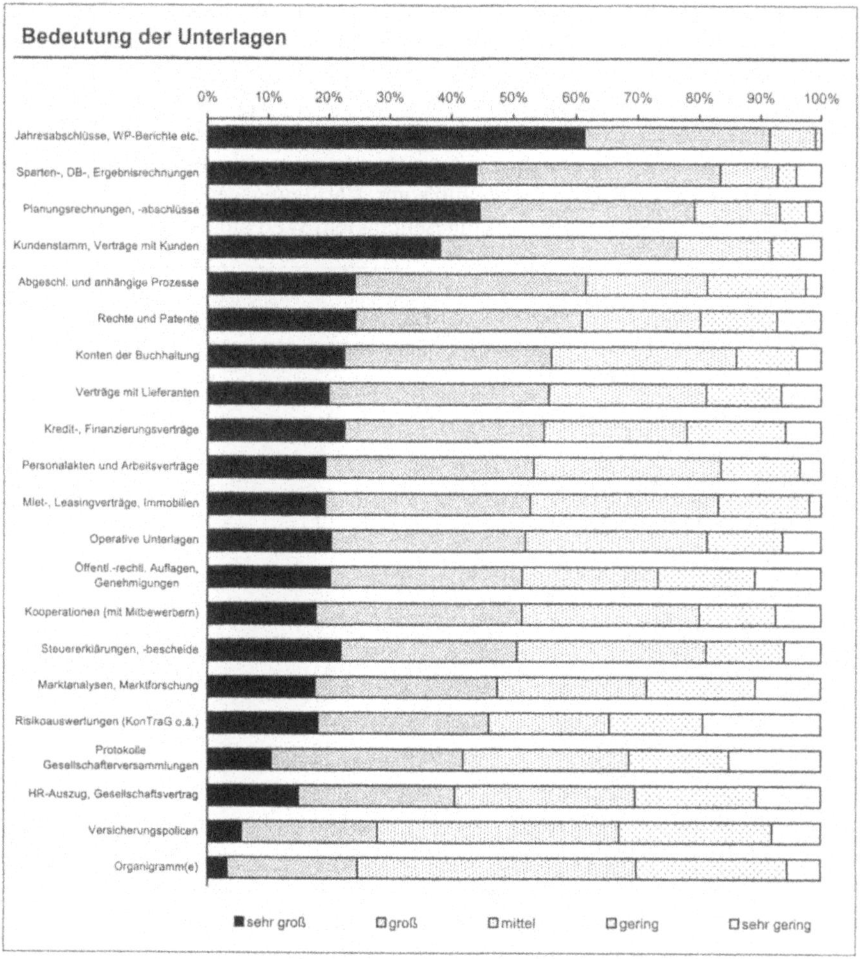

Abbildung 44: Bedeutung der Unterlagen des Zielunternehmens (N=215)

In Abbildung 45 sind die Rangfolge nach dem Grad der Offenlegung (aus Abbildung 41) und die Rangfolge nach der Bedeutung der Unterlagen (aus Abbildung 44) einander gegenübergestellt. Der Rangkorrelationskoeffizient nach Spearman hat einen Wert von 0,23 (Signifikanzniveau: 0,32) und zeigt damit eine schwach positive Korrelation. Eine differenziertere Analyse ergibt sich bei einzelner Betrachtung der Rangdifferenzen. Eine positive (negative) Abweichung bedeutet, daß die Bedeutung in der Rangfolge höher (niedriger) eingeschätzt wurde als die Unterlagen offengelegt wurden. Mehrheitlich ist die Abweichung positiv, der Rang in der beigemessenen Bedeutung mithin höher als der Rang in der Bereitstellung. Die größte positive Rangdifferenz weisen die Sparten-, Deckungsbeitrags- und Ergebnisrechnungen auf (Rang 15 in der Bereitstellung, Rang 2 in der Bedeutung). Die größte negative Rangdifferenz besteht bei den Organigrammen. Diese werden zwar am zweithäufigsten von allen Unterlagen offengelegt (und am häufigsten vorab durch den Verkäufer, vgl. Abbildung 42), in der Bedeutung hingegen rangieren sie auf dem letzten Platz. Dies läßt den Schluß zu, daß die Organigramme eines Unternehmens zwar zu den am wenigsten sensiblen Informationen zählen und daher bereitwillig zur Verfügung gestellt werden, deren Relevanz jedoch zugleich als von eingeschränktem Wert angesehen wird.

Unterlagen der Zielgesellschaft	**Rangfolge Offenlegung**	**Rangfolge Bedeutung**	**Rang-differenz**
Jahresabschlüsse, WP-Berichte etc.	1	1	**0**
Organigramm(e)	2	21	**-19**
HR-Auszug, Gesellschaftsvertrag	3	19	**-16**
Miet-, Leasingverträge, Immobilien	4	11	**-7**
Planungsrechnungen, -abschlüsse	5	3	**2**
Abgeschl. und anhängige Prozesse	6	5	**1**
Kredit-, Finanzierungsverträge	7	9	**-2**
Versicherungspolicen	8	20	**-12**
Personalakten und Arbeitsverträge	9	10	**-1**
Kundenstamm, Verträge mit Kunden	10	4	**6**
Konten der Buchhaltung	11	7	**4**
Verträge mit Lieferanten	12	8	**4**
Operative Unterlagen	13	12	**1**
Rechte und Patente	14	6	**8**
Sparten-, DB-, Ergebnisrechnungen	15	2	**13**
Steuererklärungen, -bescheide	16	15	**1**
Öffentl.-rechtl. Auflagen, Genehmigungen	17	13	**4**
Kooperationen (mit Mitbewerbern)	18	14	**4**
Protokolle Gesellschafterversammlungen	19	18	**1**
Marktanalysen, Marktforschung	20	16	**4**
Risikoauswertungen (KonTraG o.ä.)	21	17	**4**

Abbildung 45: Beziehung zwischen dem Rang der Offenlegung und dem Rang der Bedeutung der Unterlagen

Eine nächste Analyse stellt auf die prozentualen Werte ab. In Abbildung 46 ist in der ersten Spalte jeweils die Differenz zwischen dem Prozentsatz der Bereitstellung der Unterlagen und dem Prozentsatz der Einschätzung großer und sehr großer Bedeutung dargestellt. Eine positive (negative) Differenz zeigt an, daß die Bereitstellung der Unterlagen in mehr (weniger) Fällen erfolgte als die Information in ihrer Bedeutung als groß bis sehr groß eingeschätzt wurde. Den maximalen Wert im positiven Bereich weisen auch in dieser Auswertung die Organigramme auf. Lediglich zwei Werte befinden sich im negativen Bereich: Risikoauswertungen mit einer Differenz von 8,3%-Punkten und Sparten-, DB- und Ergebnisrechnungen mit 7,5%-Punkten.

Unterlagen der Zielgesellschaft	**Prozentsatz Offenlegung**	**Prozentsatz Bedeutung**	**Prozentsatz-differenz**
Jahresabschlüsse, WP-Berichte etc.	97,9	91,4	**6,4**
Organigramm(e)	96,5	24,7	**71,9**
HR-Auszug, Gesellschaftsvertrag	93,1	40,6	**52,5**
Miet-, Leasingverträge, Immobilien	90,3	52,7	**37,6**
Planungsrechnungen, -abschlüsse	89,2	79,2	**10,0**
Abgeschl. und anhängige Prozesse	88,9	61,6	**27,3**
Kredit-, Finanzierungsverträge	82,2	54,8	**27,3**
Versicherungspolicen	79,8	27,9	**51,9**
Personalakten und Arbeitsverträge	78,5	53,2	**25,3**
Kundenstamm, Verträge mit Kunden	78,4	76,3	**2,1**
Konten der Buchhaltung	78,0	56,0	**22,0**
Verträge mit Lieferanten	77,9	55,6	**22,3**
Operative Unterlagen	77,8	51,9	**26,0**
Rechte und Patente	77,2	61,0	**16,2**
Sparten-, DB-, Ergebnisrechnungen	75,9	83,4	**-7,5**
Steuererklärungen, -bescheide	75,9	50,5	**25,4**
Öffentl.-rechtl. Auflagen, Genehmigungen	74,3	51,4	**22,9**
Kooperationen (mit Mitbewerbern)	72,3	51,4	**20,9**
Protokolle Gesellschafterversammlungen	69,8	41,9	**27,9**
Marktanalysen, Marktforschung	55,7	47,4	**8,3**
Risikoauswertungen (KonTraG o.ä.)	37,7	46,1	**-8,3**

Abbildung 46: Beziehung zwischen dem Offenlegungsgrad und dem Grad großer bis sehr großer Bedeutung

Sicherlich sollten keine perfekten Korrelationen bei den Auswertungen nach der Bereitstellung von Unterlagen und deren beigemessener Bedeutung durch das Käuferunternehmen erwartet werden. Bei manchen Informationen handelt es sich schlicht um „Hygienefaktoren“, die quasi routinemäßig eingesehen und zur Kenntnis genommen werden (müssen), ohne daß diesen eine entscheidende Bedeutung zukommen würde.

Allerdings läßt ein sehr hoher Bereitstellungsgrad in Verbindung mit einer sehr niedrigen Bedeutung tendenziell auf ein Informationsüberangebot schließen resp. ein niedriger Bereitstellungsgrad bei einer sehr hohen Bedeutung auf evtl. nicht erfüllte Informationsnachfrage des Käufers.

5.6 Instrumente der Due Diligence

Bei dem Kauf eines ganzen Unternehmens oder eines Unternehmensanteils handelt es sich um eine der komplexesten betriebswirtschaftlichen Entscheidungen. Die Komplexität resultiert daraus, daß das Unternehmen als Ganzes zu analysieren und zu bewerten ist und zudem die Entscheidung durch die asymmetrische Informationsverteilung zwischen dem Käufer und dem Verkäufer geprägt ist. Die Informationsbeschaffung und die Überwindung der Informationsasymmetrie ist damit naturgemäß ein Schwerpunkt in jeder Due Diligence.

Die operative Umsetzung der Informationsbeschaffung in der Due Diligence erfolgt in der Regel anhand von Checklisten, um die beschriebene Komplexität zu handhaben. Das Erkenntnisziel der Untersuchung diesbezüglich ist, festzustellen, um welche Art von Checklisten es sich handelt, wie umfangreich die Checklisten sind, sowie ob und welche zusätzlichen Instrumente ergänzend und unterstützend in der Due Diligence eingesetzt werden.

5.6.1 Checklisten

Die Frage nach der Art der Checklisten unterscheidet zwischen standardisierten, modifizierten und individuell erstellten Checklisten. Wenngleich von einem theoretischen Standpunkt aus auf die individuelle Transaktion abgestimmten Checklisten der Vorzug zu geben ist, sind zur Begrenzung des Arbeitsaufwandes im Vorfeld der Due Diligence und zur Sicherstellung einer möglichst abgeschlossenen Informationsbeschaffung („nichts vergessen“) zumindest modifizierte Checklisten zu empfehlen, die von einem „Pool“ möglicher Fragestellungen ausgehend auf die konkrete Transaktion abzustimmen sind. Diese Überlegungen werden auch empirisch gestützt. Das Ergebnis ist in Abbildung 47 dargestellt.

Bei insgesamt 234 Antworten zu dieser Frage gaben 82,5% der Unternehmen an, Checklisten während der Due Diligence eingesetzt zu haben. Die umfangreichste Einzelnennung entfällt mit 42,3% auf modifizierte Checklisten; dieser Wert entspricht 51,3% der insgesamt verwendeten Checklisten.

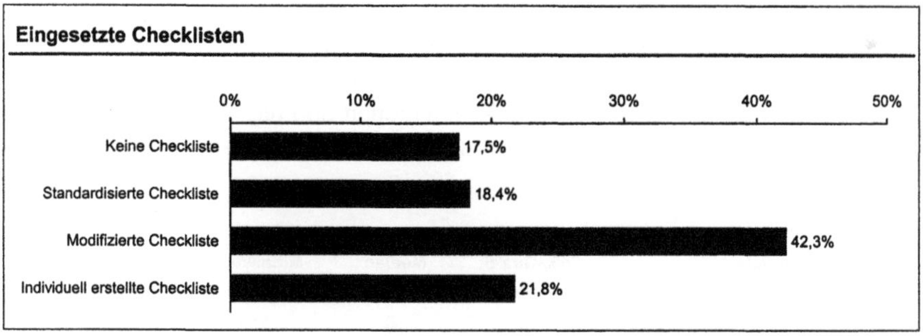

Abbildung 47: Art der Checklisten (N=234)

5.6.2 Umfang der Checklisten

Der Umfang der Checklisten stellt einen weiteren Aspekt bei der Beurteilung des Umfangs der Informationsbeschaffung dar. Obgleich der Umfang nicht eindeutig operationalisierbar ist, wurde nach der Anzahl der Positionen der Checkliste gefragt. Auf dieser Basis lassen sich zumindest Tendenzaussagen ableiten.

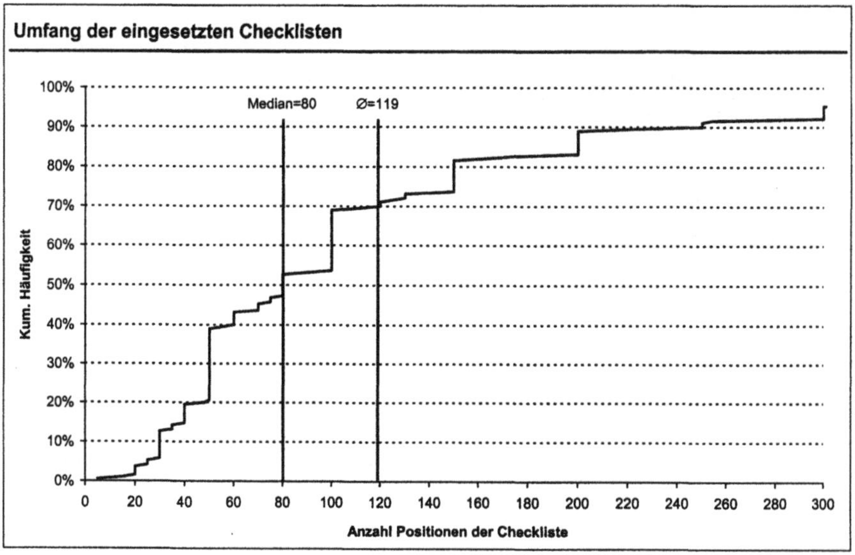

Abbildung 48: Umfang der Checklisten (N=190)

Der Umfang der eingesetzten Checklisten variiert zwischen fünf und 1.000 Positionen. Der mittlere Umfang beträgt 119 Positionen und der Median 80 Positionen (Abbildung 48). Der Modalwert weist 50 Positionen auf (36 von 190 Nennungen). Das 25%-Quartil liegt bei 50 Positionen und das 75%-Quartil bei 150 Positionen, mithin weisen die mittleren 50% aller Nennungen einen Wert zwischen 50 und 150 Positionen aus.

Art der Checkliste	25%-Quartil	Median	Mittelwert	75%-Quartil
Individuell erstellte Checkliste	40	50	91	100
Standardisierte Checkliste	50	80	98	130
Modifizierte Checkliste	50	100	141	150
Alle Checklisten	**50**	**80**	**119**	**150**

Abbildung 49: Anzahl der Positionen nach Art der Checkliste (N=185)

Verknüpft man die Art der eingesetzten Checkliste mit dem Umfang, so ergibt sich das in Abbildung 49 dargestellte Bild. Individuell erstellte Checklisten sind hierbei im Hinblick auf die 25%- und 75%-Quartile sowie den Median und den Mittelwert die kürzesten Checklisten, gefolgt von standardisierten und modifizierten Checklisten. Dies läßt darauf schließen, daß die Modifikation nicht allein die Kürzung einer Ausgangscheckliste, sondern auch deren Erweiterung im Sinne des Einfügens zusätzlicher, für die aktuelle Akquisition relevanter Sachverhalte umfaßt.

5.6.3 Sonstige Instrumente/Tools

Die offen gestellte Frage nach den sonstigen in der Due Diligence eingesetzten Instrumenten sollte die Möglichkeit geben, weitere Instrumente zu nennen, die im Rahmen der Informationsbeschaffung, -aufbereitung und -analyse eingesetzt werden. Als Hilfestellung zur Beantwortung der Frage wurden in einem Klammerzusatz als Antwortmöglichkeiten vorgeschlagen: Analyse-Techniken, Planungs-Programme, Internet/Intranet, Workflow-Systeme. Über die Nennungen der gruppierten Antworten gibt Abbildung 50 Aufschluß.

Die größte Einzelposition machen Planungs- und Bewertungsprogramme aus (34,8%). Hierzu wurden auch Simulations-, Szenario- und Sensitivitätsanalysen gezählt. Von der instrumentellen Unterstützung her ist damit die Nähe zur Unternehmensbewertung augenfällig. Allerdings kann angesichts der Tatsache, daß annähernd 2/3 der Unternehmen diese Antwort nicht gaben, von einer generellen Übereinstimmung von Due Diligence und Unternehmensbewertung nicht ausgegangen werden.

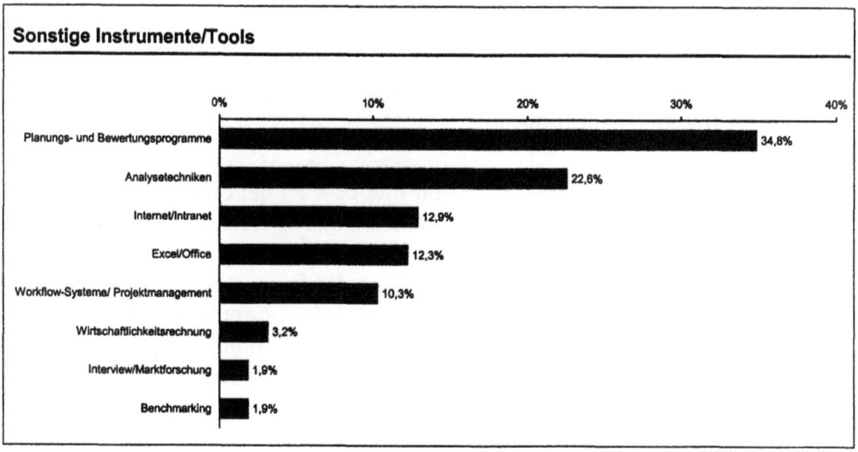

Abbildung 50: Sonstige eingesetzte Instrumente/Tools (Mehrfachnennungen möglich) (N=115)

Wenngleich die Verwendung von Checklisten bei einem Verbreitungsgrad von 82,5% als allgemeiner Standard bezeichnet werden kann, liefern die Antworten auf die Frage nach den zusätzlich eingesetzten Instrumenten ein uneinheitliches Bild. Ein Drittel der antwortenden Unternehmen gab die Verwendung von Planungs- und Bewertungsprogrammen an, allerdings wurden keine näher spezifizierten betriebswirtschaftlichen Instrumente genannt, die den Prozeß der Informationsaufbereitung und -analyse unterstützen. Das Ergebnis korrespondiert mit den Veröffentlichungen der betriebswirtschaftlichen Literatur zur Due Diligence. Diese fokussieren die Informationsbeschaffung, indem kasuistisch Sachverhalte aufgelistet und problematisiert werden, die im Rahmen der Due Diligence Relevanz besitzen (können). Eine konzeptionell geschlossene und strukturierte Vorgehensweise hat sich indessen bislang nicht durchgesetzt.

5.7 Wirtschaftliche und wirtschaftsrechtliche Relevanz der Due Diligence

Der Fragenblock zur wirtschaftlichen und wirtschaftsrechtlichen Relevanz der Due Diligence dient der Beurteilung von Bedeutung und Stellung der Due Diligence im Akquisitionsprozeß in bezug auf den Kaufpreis, den Unternehmenswert und das Vertragswerk. Die Frage lautete: Besitzt die Due Diligence Entscheidungsrelevanz oder stellt sie eher einen Hygienefaktor und die nachträgliche Absicherung einer bereits konkretisierten Entscheidung dar, die im wesentlichen nur Zeit in Anspruch nimmt und Geld kostet?

5.7.1 Reihenfolge von Due Diligence, Unternehmensbewertung und Kaufpreisfindung

Unter prozeßorientierter Perspektive von Interesse ist die Frage: In welcher Reihenfolge werden Due Diligence, Unternehmensbewertung und Kaufpreisbestimmung durchgeführt? Zwei Alternativen sind denkbar: Zum einen kann die Due Diligence eine *Zulieferfunktion* im Sinne der Bereitstellung der Datenbasis für die Unternehmensbewertung (und anschließende Kaufpreisbestimmung) übernehmen, zum anderen ist auch eine *Absicherungsfunktion* denkbar, bei der ein zuvor ermittelter Unternehmenswert und Kaufpreis nachträglich validiert oder eben revidiert werden. Die Auswertung dieser Frage läßt eine Tendenz erkennen, inwieweit eine Due Diligence für die Unternehmensbewertung fundierend ist.

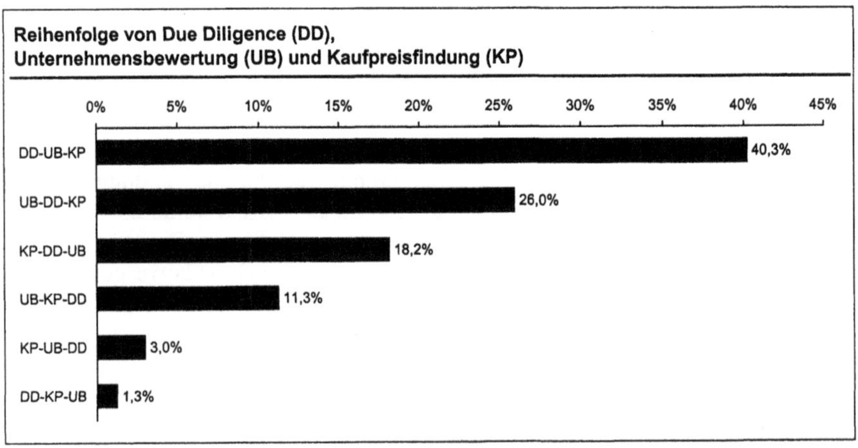

Abbildung 51: Reihenfolge von Due Diligence, Unternehmensbewertung und Kaufpreisfindung (N=231)

Werden die Prozeßphasen Due Diligence, Unternehmensbewertung und Kaufpreisfindung miteinander kombiniert, ergeben sich sechs mögliche Reihenfolgen. Die häufigst genannte Reihenfolge ist mit 40,3% die Reihenfolge Due Diligence, Unternehmensbewertung, Kaufpreis (Abbildung 51). Diese auch intuitiv plausible Reihenfolge, auf der Grundlage der Due Diligence den Unternehmenswert zu ermitteln und aus diesem wiederum den Kaufpreis, wird damit auch empirisch bestätigt. Hierbei nimmt die Due Diligence die *Zulieferfunktion* für die Unternehmensbewertung wahr.

Zusätzlich wurden jeweils Due Diligence, Unternehmensbewertung und Kaufpreisfindung einzeln gegenübergestellt. In 59,7% aller Fälle wird die Due Diligence vor der Unternehmensbewertung, und mithin in 40,3% nach der Unternehmensbewertung durchgeführt, wodurch die *Absicherungsfunktion* gestützt wird. Der Kaufpreis wird zu 67,5% nach der Due Diligence ermittelt und festgelegt. Noch deutlicher ist das Verhältnis zwischen Unternehmensbewertung und Kaufpreis. 77,5% der Käuferunternehmen gaben an, den Unternehmenswert vor dem Kaufpreis zu ermitteln.

Von Interesse ist außerdem, ob die Rechtsform des Zielunternehmens einen Einfluß auf die Reihenfolge hat. Die Rechtsform des Zielunternehmens bestimmt aufgrund der Eigentümer- und Führungsstruktur sowie der gesellschaftsrechtlichen Rahmenbedingungen den Zugang zum Zielunternehmen, und beeinflußt die Frage, ob und unter welchen Bedingungen das Management und/oder die Eigentümer des Zielunternehmens eine Due Diligence zulassen können oder müssen.

Reihenfolge	**AG**		**AG (börsennotiert)**		**GmbH**		**KG**		**Summe**	
	abs.	in %	abs.	in %	abs.	in %	abs.	in %	abs.	in %
DD-UB-KP	22	51,2%	4	40,0%	44	42,3%	10	27,8%	80	41,5%
UB-DD-KP	10	23,3%	1	10,0%	25	24,0%	13	36,1%	49	25,4%
KP-DD-UB	7	16,3%	2	20,0%	17	16,3%	9	25,0%	35	18,1%
UB-KP-DD	2	4,7%	3	30,0%	14	13,5%	2	5,6%	21	10,9%
KP-UB-DD	0	0,0%	0	0,0%	4	3,8%	2	5,6%	6	3,1%
DD-KP-UB	2	4,7%	0	0,0%	0	0,0%	0	0,0%	2	1,0%
Summe	**43**	**100,0%**	**10**	**100,0%**	**104**	**100,0%**	**36**	**100,0%**	**193**	**100,0%**

Abbildung 52: Reihenfolge von Due Diligence, Unternehmensbewertung und Kaufpreisfindung in Abhängigkeit der Rechtsform des Zielunternehmens (N=193)

Bei der nicht börsennotierten Aktiengesellschaft sowie der GmbH ergibt sich von der Reihenfolge genau und der prozentualen Verteilung her annähernd das Bild wie über alle Rechtsformen (Abbildung 52). Bei der KG ist die häufigste Einzelnennung die Reihenfolge Unternehmensbewertung, Due Diligence, Kaufpreis. Bei der börsennotierten Aktiengesellschaft liegen nur zehn Nennungen vor.

Auffällig ist hier allerdings, daß die Due Diligence in 50% der Fälle nach der Kaufpreisbestimmung stattfindet. Dies könnte einerseits auf die Börsennotierung als Anhaltspunkt für einen zu zahlenden Kaufpreis zurückzuführen sein, andererseits auch auf den erschwerten Zugang zum Zielunternehmen vor einer Entscheidung über die Akquisition.

5.7.2 Einfluß der Due Diligence auf Kaufpreis und Unternehmenswert

Die folgenden Auswertungen beschäftigen sich mit dem Einfluß der Due Diligence auf den Kaufpreis und den Unternehmenswert. Gefragt wurde nach der Auswirkung der Due Diligence auf den Kaufpreis und auf den Unternehmenswert auf einer Bandbreite von starker Verringerung bis starker Erhöhung. Abbildung 53 zeigt das Ergebnis der Befragung für den Kaufpreis.

Bei 67,4% der Akquisitionen verringerte sich der Kaufpreis nach bzw. aufgrund der Due Diligence. Allein in 5,3% der Fälle wurde der Kaufpreis nach oben korrigiert. Dies deutet darauf hin, daß die Verhandlungsposition des Käufers aufgrund der Due Diligence gestärkt wird und negative Sachverhalte sowie aufgedeckte Risiken kaufpreisreduzierend in die Kaufpreisverhandlung eingebracht werden können.

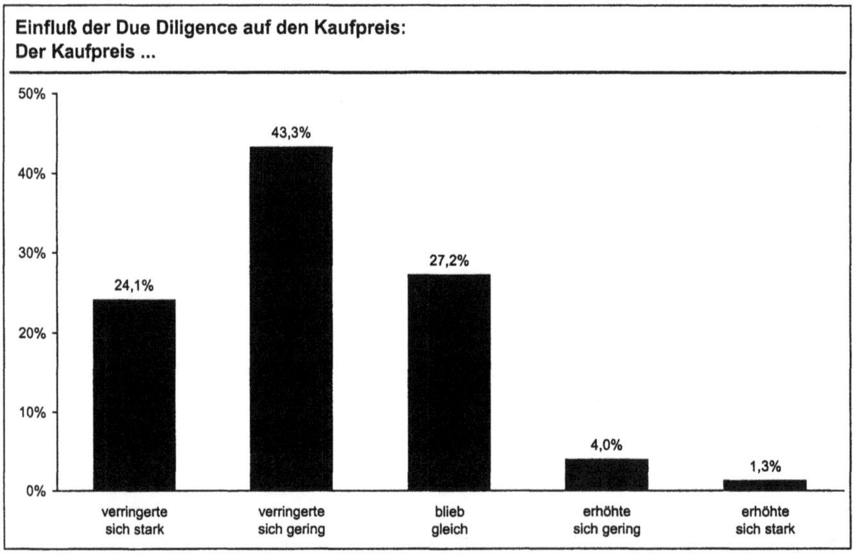

Abbildung 53: Einfluß der Due Diligence auf den Kaufpreis (N=224)

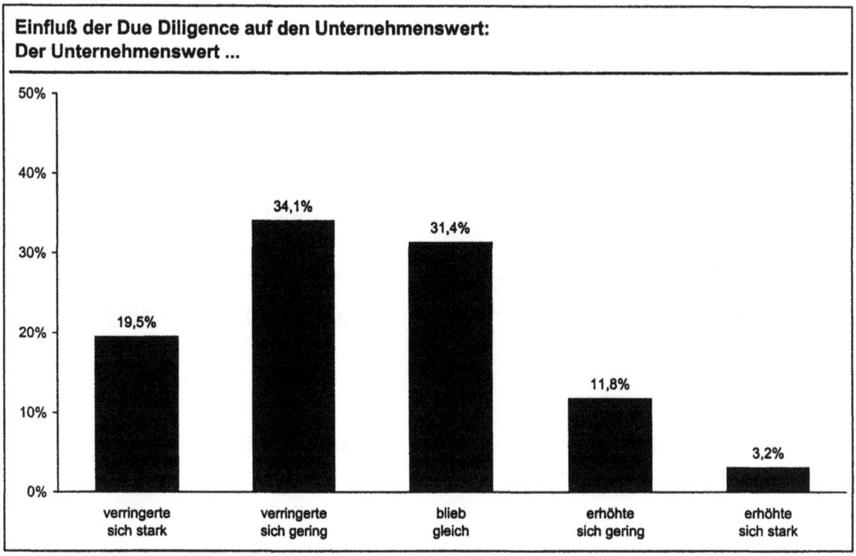

Abbildung 54: Einfluß der Due Diligence auf den Unternehmenswert (N=220)

Auch bei dem Einfluß der Due Diligence auf den Unternehmenswert dominiert mit 53,6% die Verringerung gegenüber der Erhöhung des Unternehmenswertes (Abbildung 54).

Werden die Veränderung des Kaufpreises und die Veränderung des Unternehmenswertes einander gegenübergestellt, so zeigt sich, daß bei 56,7% der Nennungen die Veränderungen in dieselbe Richtung weisen, vgl. die Diagonale in Abbildung 55.[54]

Bei acht der 33 Nennungen (24,2%), bei denen sich der Unternehmenswert gering bis stark erhöhte, verringerte sich der Kaufpreis gering. Hingegen wurde nur in einem der 12 Fälle, in denen sich der Kaufpreis gering bis stark erhöhte, angegeben, daß der Unternehmenswert aufgrund der Due Diligence sich gering verringerte.

[54] Die - geringfügigen - Abweichungen der Spalten- bzw. Zeilensummen in Abbildung 55 zu den Werten in Abbildung 53 und Abbildung 54 resultieren daraus, daß in die Abbildung 55 nur diejenigen beantworteten Fragebögen eingingen, bei denen sowohl die Frage nach dem Einfluß auf den Unternehmenswert als auch nach dem Einfluß auf den Kaufpreis beantwortet wurde.

Unternehmenswert / Kaufpreis	verringerte sich stark	verringerte sich gering	blieb gleich	erhöhte sich gering	erhöhte sich stark	**Summe**
verringerte sich stark	33	9	7	0	0	**49**
verringerte sich gering	5	53	28	4	4	**94**
blieb gleich	3	10	29	17	1	**60**
erhöhte sich gering	0	0	4	5	0	**9**
erhöhte sich stark	0	1	0	0	2	**3**
Summe	**41**	**73**	**68**	**26**	**7**	**215**

Abbildung 55: Einfluß der Due Diligence auf Kaufpreis und Unternehmenswert (N=215)

5.7.3 Einfluß der Due Diligence auf die Strategie und strategische Optionen

Weiterreichenden Bezug zum übergeordneten Akquisitionsziel und zur Akquisitionsstrategie des Käuferunternehmens hat die Frage, inwieweit die Due Diligence einen Einfluß auf die Strategie des Käufers hat und ob strategische Potentiale und Optionen im Zielunternehmen im Rahmen der Due Diligence identifiziert wurden.

Hierbei ging es nicht darum festzustellen, ob die Due Diligence zu einer gänzlich geänderten Einschätzung des Zielunternehmens führte. Solche Sachverhalte werden, sofern ein negatives Ergebnis resultiert, gemeinhin als *deal breaker* bezeichnet und sind insofern im Rahmen dieser Frage nicht von Relevanz, als auf die Due Diligence bei einer letztlich vollzogenen Akquisition abgestellt wurde. Dennoch ist von Interesse, ob unabhängig von der Frage nach der Bewertung des Zielunternehmens oder der Kaufpreisfindung die Einschätzung der strategischen Ausrichtung durch die Due Diligence beeinflußt wurde.

Die Auswertung zeigt, daß 78,4% der Unternehmen der Due Diligence entweder keinen oder einen geringen bis sehr geringen Einfluß auf die geplante Strategie bzw. auf die Identifizierung strategischer Optionen durch die Akquisition des Zielunternehmens beimessen (Abbildung 56). 21,6% der Käuferunternehmen gaben an, daß die Due Diligence einen großen bis sehr großen Einfluß auf die Strategie hatte.

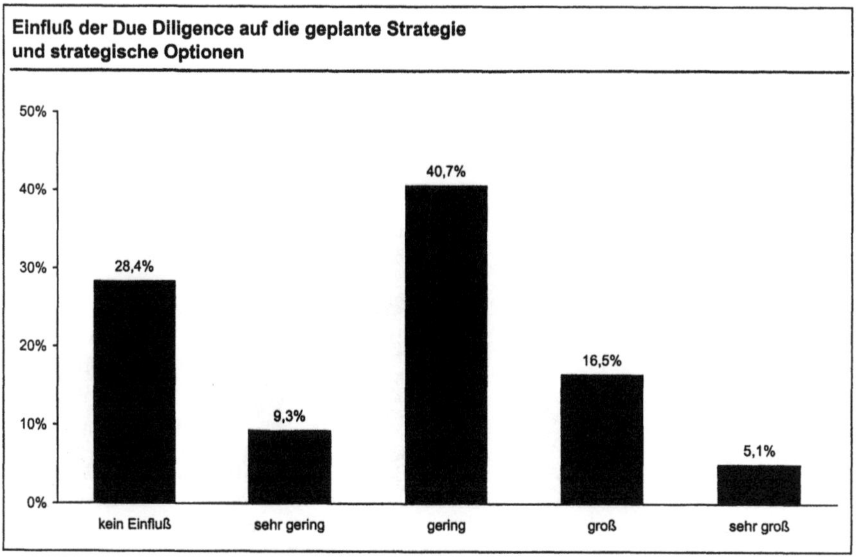

Abbildung 56: Einfluß der Due Diligence auf die geplante Strategie und strategische Optionen (N=236)

Insofern korrespondieren die Antworten zur strategischen Einschätzung mit denjenigen nach dem Einfluß der Due Diligence auf den Kaufpreis und den Unternehmenswert: In 21,6% der Fälle war der Einfluß auf die Strategie groß bis sehr groß, während der Einfluß auf den Kaufpreis zu 25,4% und der Einfluß auf den Unternehmenswert zu 22,7% als stark (starke Verringerung oder starke Erhöhung) bezeichnet wurde.

5.7.4 Wirtschaftsrechtliche Relevanz der Due Diligence

Die folgenden Auswertungen beschäftigen sich mit der wirtschaftsrechtlichen Perspektive. Zunächst wurde gefragt, welchen Einfluß die Due Diligence auf die Ausarbeitung des Kaufvertrages besitzt. Eine unmittelbare Schlußfolgerung hieraus ist der Grad der Notwendigkeit der Durchführung einer Due Diligence für die Ausarbeitung des Vertragswerkes. Abbildung 57 zeigt die Nennungen von sehr gering bis sehr groß.

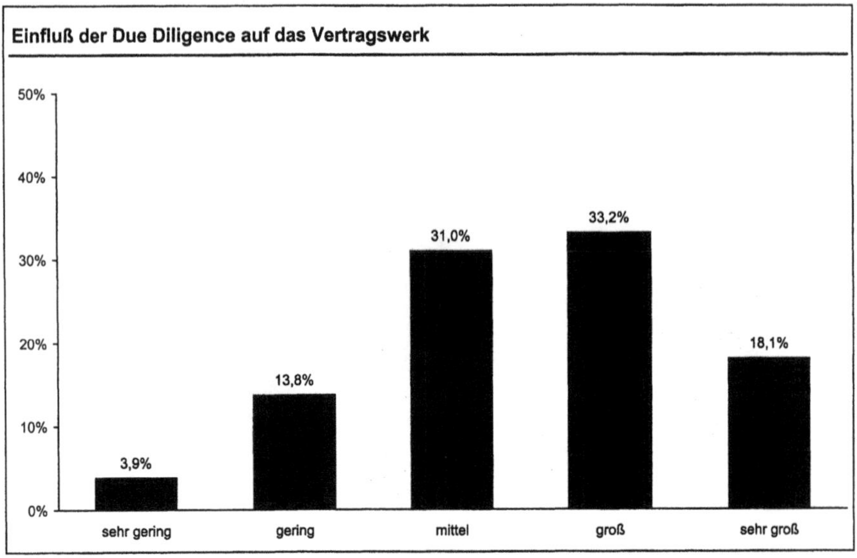

Abbildung 57: Einfluß der Due Diligence auf das Vertragswerk (N=232)

Die Due Diligence hat in 51,3% aller Transaktionen einen großen bis sehr großen Einfluß auf die Ausgestaltung des Vertragswerkes, in nur 17,7% einen geringen bis sehr geringen Einfluß. Im Vergleich mit den Fragen zum Einfluß der Due Diligence auf den Unternehmenswert, den Kaufpreis und die Akquisitionsstrategie wird damit der Due Diligence für die wirtschaftsrechtliche Abwicklung der Transaktion eine größere Notwendigkeit beigemessen.

Bei der Frage nach dem Verhältnis der Due Diligence zu den Garantien im Vertragswerk ist wiederum eine Prozeßperspektive zugrunde gelegt. Oft wird ein Austauschverhältnis zwischen diesen beiden Instrumenten der Risikoabsicherung beim Unternehmenskauf dahingehend unterstellt, daß eine umfangreiche Due Diligence zu einem gewissen Maß die Vereinbarung von Garantien obsolet werden läßt, et vice versa. Die Relevanz und Validität dieser auf der Grundlage von Kostenüberlegungen theoretisch möglichen Ableitung sollte empirisch überprüft und ausgewertet werden.

Zusätzlich wurde erfragt, ob der in den Vertrag aufzunehmende Garantiekatalog auf der Grundlage der Due Diligence erstellt bzw. ein zuvor vereinbarter Garantiekatalog auf der Grundlage der Due Diligence geändert wurde, oder ob kein Verhältnis zwischen der Due Diligence und dem Garantiekatalog existierte und damit Garantien unabhängig von der Due Diligence in den Vertrag eingehen. Das Ergebnis stellt Abbildung 58 dar.

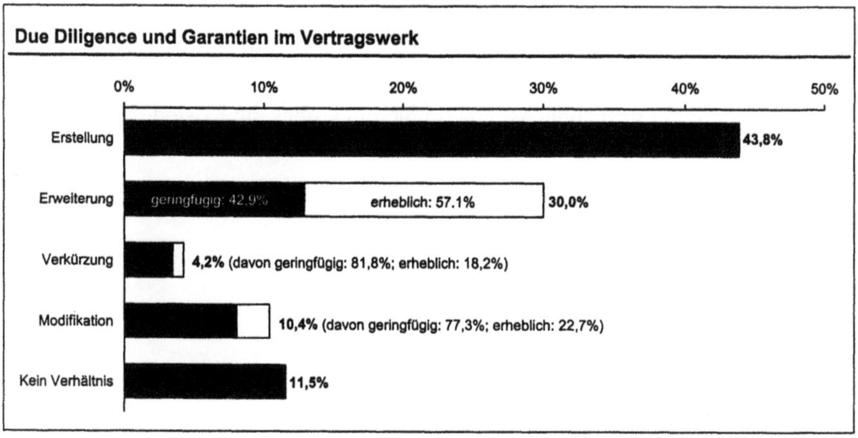

Abbildung 58: Verhältnis von Due Diligence und Garantien im Vertragswerk (Mehrfachnennungen möglich) (N=223)

Bei 43,8% der Akquisitionen wurde der Garantiekatalog auf der Grundlage der Ergebnisse der Due Diligence erstellt. Zu 44,6% wurde der Garantiekatalog geändert, hiervon zu 67,3% erweitert, zu 9,4% verkürzt und zu 23,3% modifiziert. Die Änderungen waren bei der Erweiterung überwiegend erheblich (57,1%), bei der Verkürzung und Modifikation hingegen zu einem sehr hohen Anteil geringfügig (81,8% bzw. 77,3%).

Zusammenfassend zeigen die Antworten auf diese Frage, daß nur bei einem sehr geringen Anteil (4,2%) aufgrund der Due Diligence auf Garantien im Vertragswerk verzichtet wurde. Vielmehr wird der Garantiekatalog erst aufgrund der Due Diligence erstellt bzw. ein zuvor bestehender Garantiekatalog nach der Due Diligence noch erweitert (zusammen 73,8%).

5.7.5 Kosten der Due Diligence und Kaufpreishöhe

Die folgenden Fragen beschäftigen sich mit den Kosten der Due Diligence und der Kaufpreishöhe der Transaktion. Beide Fragen in Verbindung geben Aufschluß über die Anschaffungsnebenkosten der Akquisition. Ein Kriterium für die bilanzielle Behandlung der Nebenkosten (Aktivierungspflicht oder aufwandswirksame Behandlung) ist, ob es sich hierbei um einen wesentlichen Posten handelt. Letztlich ist dies anhand des Einzelfalls zu entscheiden; für die wissenschaftliche Diskussion einer Aktivierungspflicht hingegen ist die i.d.R. auftretende Höhe der Nebenkosten von Interesse.

Die Frage nach den Kosten der Due Diligence differenziert danach, ob die Kosten für extern in Anspruch genommene Dienstleistungen (Berater, Prüfer) oder für intern in Anspruch genommenes Personal (einschl. Reisekosten) entstanden sind. Abbildung 59 gibt zunächst einen Überblick über die Kosten der Due Diligence insgesamt.

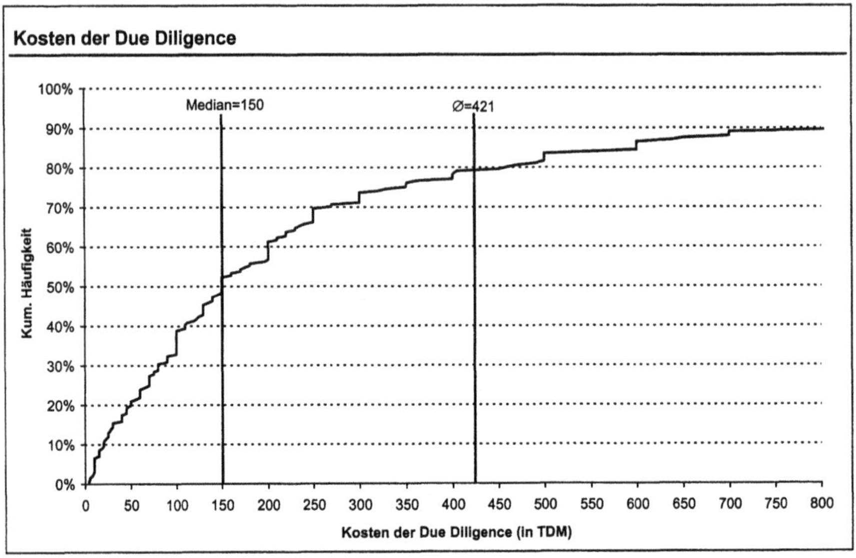

Abbildung 59: Kosten der Due Diligence (N=201)

Der Mittelwert für die gesamten Kosten liegt bei TDM 421. Der Median beträgt TDM 150; die 50% mittleren Werte liegen zwischen TDM 70 (25%-Quartil) und TDM 350 (75%-Quartil), Abbildung 59. Zwei Ausreißer wurden nicht in die Berechnungen mit einbezogen, da sie sowohl von der absoluten Höhe (TDM 14.000 und TDM 20.000) als auch vom Anteil am Kaufpreis (10,0% und 3,3%) her außerordentlich hohe Werte aufweisen.

Die Kosten für extern in Anspruch genommene Dienstleistungen werden durchschnittlich höher angegeben als für intern in Anspruch genommenes Personal. Der Mittelwert beträgt TDM 279 (extern) gegenüber TDM 142 (intern); der Median liegt bei TDM 70 (extern) gegenüber TDM 50 (intern). Die 25%- und 75%-Quartile spannen eine Bandbreite von TDM 20 bis TDM 200 (extern) bzw. von TDM 20 bis TDM 150 (intern) auf. Eine mögliche Erklärung hierfür ist, daß die Kosten für externe Dienstleistungen aufgrund der Rechnungen objektiv und exakt bestimmbar sind, die Kosten für internes Personal hingegen von der Erfassung und Zurechnung dieser Kosten zu dem entsprechenden Kostenträger (hier: Due Diligence) abhängen. Fehlen interne Verrechnungssätze oder sind diese auf der Grundlage der Löhne und Gehälter berechnet, sind die Kosten für internes Personal cet. par. (d.h. bei gleicher mengenmäßiger Inanspruchnahme) zwangsläufig geringer als die Kosten für externe Dienstleistungen.

Der Korrelationskoeffizient zwischen der Anzahl der Manntage der externen Berater/Prüfer und den Kosten für extern in Anspruch genommene Dienstleistungen beträgt 0,23. Der Zusammenhang ist damit schwach positiv. Die Kosten pro Manntag bewegen sich zwischen TDM 2,8 (25%-Quartil) und TDM 10,0 (75%-Quartil) bei einem Median von TDM 5,0.

Bei ca. der Hälfte der Akquisitionen (52,7%) waren die Kosten für externe Dienstleistungen größer oder gleich den internen Kosten. 11,9% der Käuferunternehmen gaben nur interne Kosten; 8,5% nur externe Kosten an.

Abbildung 60 informiert über die Kosten der Due Diligence (gesamt) in Relation zum Kaufpreis. Der Mittelwert beträgt 1,08%.[55] Der Median von 0,50% wird durch das 25%- und 75%-Quartil von 0,16% und 1,25% eingeschlossen. Bei 70,0% aller Due Diligences fallen Kosten von unter einem Prozent des Kaufpreises an. 15,9% der antwortenden Unternehmen weisen Anteile zwischen ein und zwei Prozent aus, 8,8% über zwei und unter vier Prozent sowie 5,3% über vier und unter zehn Prozent.

Zusätzlich wurde ausgewertet, inwieweit ein Zusammenhang zwischen der Kaufpreishöhe und den Kosten der Due Diligence gegeben ist. Der Korrelationskoeffizient ist mit 0,147 schwach positiv; die Steigung der Regressionsgeraden verläuft mit 0,15 [TDM/Mio.DM] sehr flach. Eine Aussage, daß mit steigendem Kaufpreis die Kosten der Due Diligence steigen oder auch fallen (beide Aussagen sind zumindest denkbar) läßt sich anhand dieser Auswertung nicht ableiten.

[55] Nicht in die Berechnungen und Auswertungen aufgenommen wurden sechs Werte über 10,0%.

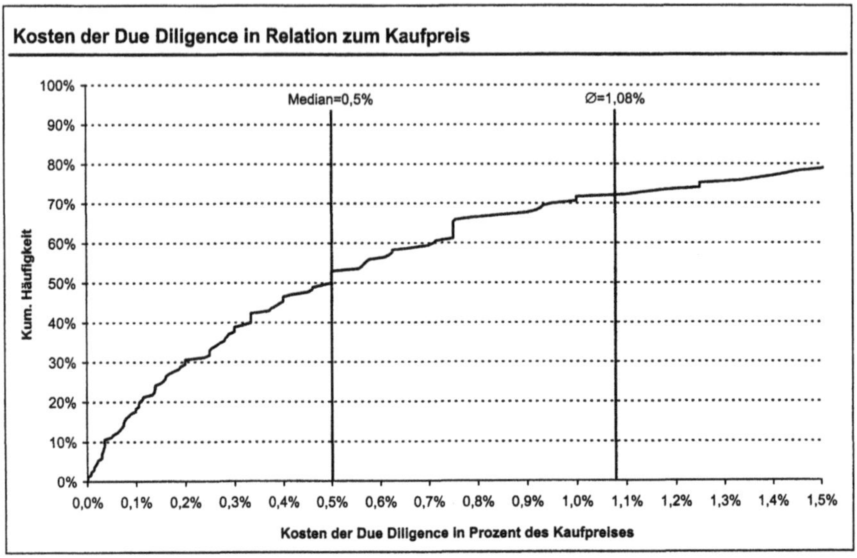

Abbildung 60: Kosten der Due Diligence in Relation zum Kaufpreis (N=170)

5.8 Dokumentation und Berichterstattung über die Due Diligence

Die Frage der Dokumentation und der Berichterstattung über die Due Diligence ist ein Aspekt, der viele der von uns im Rahmen der Erstellung des Fragebogens befragten Experten interessierte. Es geht hierbei darum, welchen Umfang die Berichterstattung annimmt und wie die Informationskanäle zwischen den Beteiligten gestaltet sind. Daraufhin wurde die Frage in den Fragebogen aufgenommen, welche Art von Bericht (Teil-/Zwischenbericht oder Abschlußbericht) über welche Thematik angefertigt wurde, wer der Ersteller und wer der Empfänger der Berichte war und welchen Umfang die Berichte besitzen. Die Informationsströme in prozeßbezogener Perspektive lassen sich so zwar nicht unmittelbar abbilden, allerdings läßt sich ein Eindruck von den Informationskategorien und den Dokumentationsschwerpunkten gewinnen.

Von Bedeutung ist die Dokumentation und Berichterstattung bei evtl. späteren Rechtsstreitigkeiten. Insbesondere wird hierbei der Frage nachgegangen, ob der Käufer einen Mangel kannte oder nicht. Durch eine gewissenhafte und vollständige Dokumentation kann der Käufer im Zweifel nachweisen, daß bestimmte Sachverhalte erhoben wurden, ein Mangel allerdings hierbei im Vorfeld nicht aufgedeckt werden konnte. Für die externen Berater und Prüfer dient die Dokumentation dem Nachweis der auftragsgemäßen Durchführung der Due Diligence, der Kommunikation/Präsentation der Ergebnisse und damit auch der Exkulpation im Rahmen evtl. Haftungsansprüche des Auftraggebers.

5.8.1 Umfang der Berichterstattung

Zum Nachweis der gewissenhaften Durchführung der Due Diligence ist ein Mindestmaß an Dokumentation unabdingbar. Sachverhalte, die erkannt werden, müssen an die anderen Beteiligten kommuniziert werden, um entsprechende Berücksichtigung bei der Entscheidungsfindung und den Vertragsverhandlungen zu finden. Auf der anderen Seite darf der Empfänger nicht durch ein *information overflow* von der Durchsicht des Berichts abgehalten werden.

Gefragt wurde nach dem Umfang der Berichte isoliert je nach Bericht. Im Rahmen der Auswertung wurde zusätzlich die Seitenzahl aller in einer Due Diligence angefertigten Berichte kumuliert betrachtet.

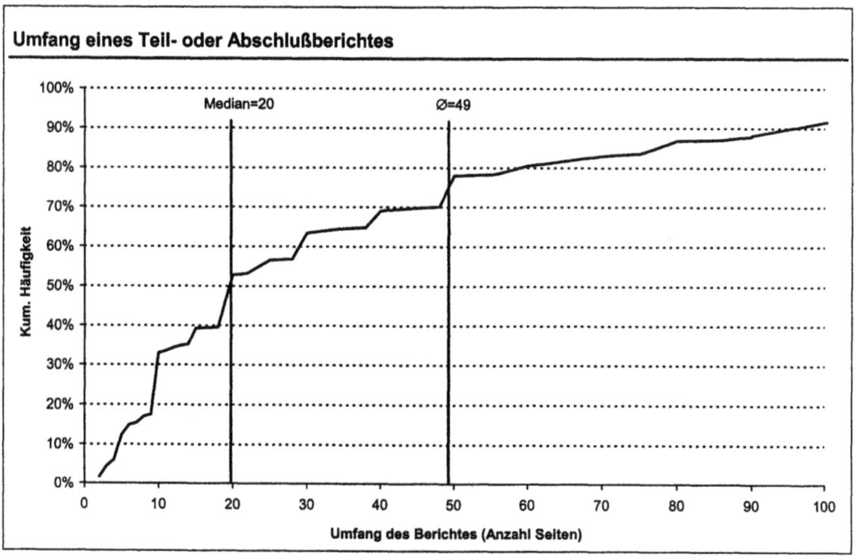

Abbildung 61: Umfang eines Teil- oder Abschlußberichtes (N=364)

Abbildung 61 zeigt den Umfang eines einzelnen Teil- oder Abschlußberichtes. Die Spannbreite reicht von zwei bis 1.000 Seiten bei einem Mittelwert von 49 Seiten und einem Median von 20 Seiten. Die 25%- bzw. 75%-Quartile liegen bei 10 bzw. 50 Seiten.

In Abbildung 62 ist die Anzahl der Seiten aller angefertigten Berichte einer Due Diligence zusammengefaßt, unabhängig von der Anzahl der Berichte. Die Spannbreite reicht hier von drei bis 2.000 Seiten. Der Mittelwert beträgt bei dieser Auswertung 104 Seiten bei einem Median von 50 Seiten. Die 25%- bzw. 75%-Quartile liegen bei 23 bzw. 100 Seiten. Der Modalwert beträgt zehn Seiten bei 56 von insgesamt 364 Nennungen.

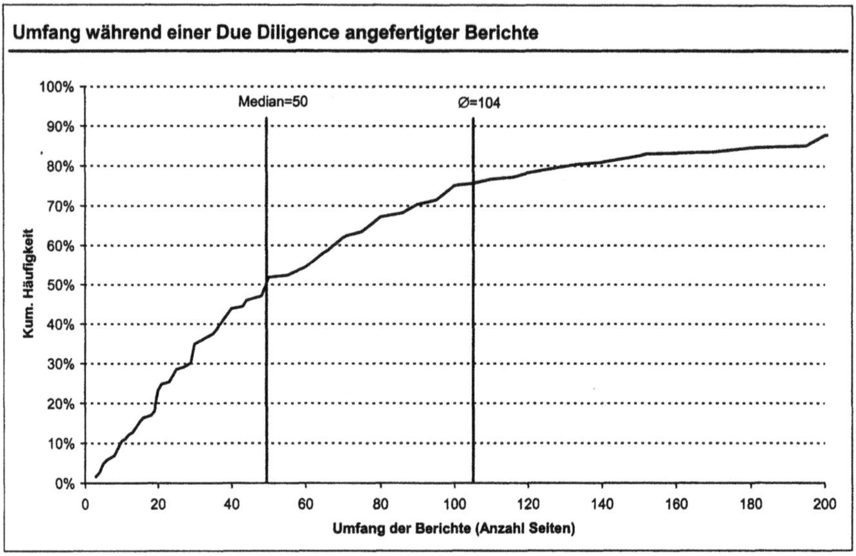

Abbildung 62: Umfang der gesamten Berichterstattung (N=189)

Ausgewertet wurde im Zusammenhang mit dem Umfang der Berichterstattung, ob sich eine Abhängigkeit von der Größe der Transaktion, ausgedrückt im Kaufpreis, feststellen läßt. Der Korrelationskoeffizient zwischen dem Gesamtumfang und der Kaufpreishöhe ist mit 0,14 schwach positiv. Die Ergebnisse variieren hier stark und die Extremwerte reichen von einem Minimum von 25 Seiten Berichterstattung bei einem Kaufpreis von 4 Mrd. DM bis zu 250 Seiten bei einem Kaufpreis von 500 TDM.

5.8.2 Inhalt und Empfänger der Berichte

Insgesamt wurde die Frage nach der Dokumentation und Berichterstattung über die Due Diligence in 208 Fragebögen beantwortet. In diesen 208 Fällen wurden insgesamt 607 Berichte erstellt (Mittelwert 2,9 Berichte pro Due Diligence).

In Abbildung 63 sind die Inhalte der erstellten Berichte und die jeweiligen Empfänger gegenübergestellt.

Empfänger / Ersteller	Geschäftsführung/ Vorstand	Aufsichtsrat	Projektleitung/ M&A-Team	ReWe/Controlling/ Finanzen	Berater/ Wirtschaftsprüfer	Sonstige	Summe
Geschäftsführung/Vorstand	5	4	1	-	-	1	**11**
Projektleitung/M&A-Team	102	8	34	-	-	9	**153**
ReWe/Controlling/Finanzen	47	1	35	-	2	2	**87**
Produktion	7	-	7	1	-	1	**16**
Personal	6	-	10	-	-	-	**16**
Marketing	3	-	2	-	-	-	**5**
Wirtschaftsprüfer/StB	85	2	39	4	1	4	**135**
Rechtsanwälte	32	2	26	1	1	1	**63**
Berater	29	1	25	1	1	3	**60**
Sonstige	28	2	22	-	2	7	**61**
Summe	**344**	**20**	**201**	**7**	**7**	**28**	**607**

Abbildung 63: Inhalte und Empfänger der Berichte (N=208)

Die größte Einzelposition mit 158 Nennungen entfällt auf den Gesamtbericht (76,0% aller beantworteten Fragebögen), gefolgt von der Berichterstattung über die Financial Due Diligence (49,0%) und die Legal Due Diligence (38,9%). Ein gesonderter Bericht über die Bewertung des Zielunternehmens wurde bei 53 Akquisitionen (25,5%) angefertigt. Empfänger der Berichte ist zu 56,7% direkt die Geschäftsführung bzw. der Vorstand des Käuferunternehmens, in 33,1% der Fälle die Projektleitung bzw. das M&A-Team.

5.8.3 Ersteller und Empfänger der Berichte

Um die Kommunikation unter den an der Due Diligence beteiligten Mitarbeitern des Käuferunternehmens und den beauftragten Beratern und Prüfern abzubilden, wurde nach dem Ersteller und dem Empfänger des jeweiligen Berichtes gefragt. In Abbildung 64 ist das Ergebnis für die 607 Berichte der 208 beantworteten Fragebögen dargestellt.

Ersteller \ Empfänger	Geschäftsführung/ Vorstand	Aufsichtsrat	Projektleitung/ M&A-Team	ReWe/Controlling/ Finanzen	Berater/ Wirtschaftsprüfer	Sonstige	Summe
Geschäftsführung/Vorstand	5	4	1	-	-	1	**11**
Projektleitung/M&A-Team	102	8	34	-	-	9	**153**
ReWe/Controlling/Finanzen	47	1	35	-	2	2	**87**
Produktion	7	-	7	1	-	1	**16**
Personal	6	-	10	-	-	-	**16**
Marketing	3	-	2	-	-	-	**5**
Wirtschaftsprüfer/StB	85	2	39	4	1	4	**135**
Rechtsanwälte	32	2	26	1	1	1	**63**
Berater	29	1	25	1	1	3	**60**
Sonstige	28	2	22	-	2	7	**61**
Summe	**344**	**20**	**201**	**7**	**7**	**28**	**607**

Abbildung 64: Ersteller und Empfänger der Berichte (N=208)

Von den 607 Berichten wurden 25,2% von der Projektleitung bzw. dem M&A-Team erstellt, 22,2% von Wirtschaftsprüfern bzw. Steuerberatern, die die zweitgrößte Anzahl an Berichten anfertigten und unter den externen Beratern und Prüfer eindeutig vor den Rechtsanwälten mit 10,4% liegen.

Die Ergebnisse zur Zusammensetzung des Due Diligence-Teams aus internen Mitarbeitern und externen Beratern und Prüfern bestätigt sich auch in der Anzahl der angefertigten Berichte. Mehr als die Hälfte der Berichte wird von internen Abteilungen des Käuferunternehmens erstellt. Eindeutig externen Beratern und Prüfern zuzurechnen sind in dieser Aufstellung von den 607 Berichten die 258 Berichte von Wirtschaftsprüfern bzw. Steuerberatern, Rechtsanwälten und sonstigen Beratern. Dies entspricht einem Anteil von 42,5%.

6 Schlußfolgerungen und Ausblick

Bei einem Anteil von Unternehmensakquisitionen mit Due Diligence in Höhe von 74% kann konstatiert werden, daß die Durchführung einer Due Diligence zum festen Bestandteil innerhalb des Akquisitionsprozesses gehört. Die hohen Mißerfolgsquoten bei M&A haben die Käuferunternehmen offenkundig für die besondere Entscheidungssituation und die Risiken des Unternehmenskaufs sensibilisiert. Wird zukünftig der Erfolg von Akquisitionen im nachhinein angezweifelt, könnte sich das Management des Käuferunternehmens auch der Frage nach einer angemessenen Vorbereitung und Durchführung der Transaktionen konfrontiert sehen.

Die Erkenntnisse zur Dauer und Intensität der Due Diligence und deren Teilreviews, zur Zusammensetzung des Due Diligence-Teams oder zu Art und Umfang der gesichteten Unterlagen, vermitteln einen Eindruck von der Aufbau- und Ablauforganisation der Due Diligence. Insgesamt lassen die Ergebnisse hinsichtlich des personellen und finanziellen Ressourceneinsatzes für die Due Diligence eine Professionalisierung von Akquisitionsprozessen erkennen. Käuferunternehmen und beteiligten Berater können diese Befunde als Vergleichsmaßstab mit ihrer bisherigen und als Anhaltspunkt für die zukünftige Planung und Organisation einer Due Diligence dienen.

Gleichermaßen können sowohl der hohe Verbreitungsgrad als auch die Intensität der Durchführung der Due Diligence im Hinblick auf die Würdigung von Auseinandersetzungen (gewährleistungs)rechtlicher Art relevant werden. Unterläßt der Käufer die ansonsten übliche Analyse von Teilbereichen des Zielunternehmens oder die Einsicht im allgemeinen zu prüfender Unterlagen, droht ihm der Verlust der nach dem Gesetz vorgesehenen Gewährleistungsrechte. Die Offenlegung von Unterlagen des Zielunternehmens hat nach den vorliegenden Ergebnissen einen hohen Stand erreicht. Mehrheitlich geht dabei die Initiative vom Käufer aus, der seinen Informationsbedarf definiert und auf dieser Basis die Unterlagen vom Zielunternehmen anfordert. Werden Unterlagen nicht offengelegt, ist hierfür in der Regel der Käufer verantwortlich, der sich nicht für entsprechende Informationen interessierte.

Die Untersuchung hat des weiteren gezeigt, daß die Due Diligence im Hinblick auf die vorvertraglichen Vereinbarungen (Vertraulichkeitserklärung, Letter of Intent) in zeitlicher Nähe zum Vertragsabschluß anzusiedeln ist. Der Einfluß auf den Unternehmenswert und den Kaufpreis ist überwiegend gering. Demgegenüber wird die Relevanz für die Ausarbeitung des Vertragswerkes überwiegend als groß bis sehr groß eingeschätzt; der Garantiekatalog wird zu über 70% auf der Basis der Due Diligence erstellt bzw. ein vorab erstellter Garantiekatalog noch erweitert.

Die Berechnungen zur Abhängigkeit der Dauer, Intensität oder Kosten der Due Diligence von Merkmalen des Zielunternehmens wie bspw. der Branche oder dem Umsatz, der Bilanzsumme oder der Anzahl der Mitarbeiter lieferten zum Teil nur schwache Korrelationen. Die Varianzen sind in der Regel zu groß, um allgemein etablierte Zusammenhänge abzuleiten, die für die Festlegung von Untersuchungsbreite und -tiefe der Due Diligence im Einzelfall herangezogen werden könnten.

Zukünftige Forschung wissenschaftlich-konzeptioneller und empirischer Art könnte entsprechend die Aufdeckung von Abhängigkeiten der Due Diligence von der zugrunde liegenden Entscheidungssituation oder von den Charakteristika des Zielunternehmens zum Gegenstand haben. Hiermit verbunden ist die Frage, ob und inwieweit der Einfluß der Due Diligence auf den Akquisitionserfolg separierbar und damit Erfolgsfaktoren einer Due Diligence identifizierbar sind.

Wenngleich die Due Diligence bei Unternehmensakquisitionen als Standard bezeichnet werden kann und damit die Frage, ob überhaupt eine Due Diligence durchzuführen ist, als beantwortet gelten kann, sind der Inhalt einer Due Diligence und die im einzelnen durchzuführenden Analysen und Prüfungsschritte kaum standardisiert. Grundsätzlich ist eine Vielzahl betriebswirtschaftlicher Analyse- und Strukturierungsinstrumente auch für den Einsatz in einer Due Diligence geeignet, bspw. die Bilanzanalyse in einer Financial Due Diligence oder Portfoliomodelle und Branchenstrukturanalysen in einer Market Due Diligence. Allerdings sind diese Instrumente vor dem Hintergrund unvollkommener Information und der daraus resultierenden Risikoposition des Käufers akquisitionsspezifisch anzupassen.

In diesem Sinne mag die vorliegende Untersuchung über die eigenen Erkenntnisse hinaus die weitere wissenschaftliche Auseinandersetzung mit dem Thema Due Diligence bei Unternehmensakquisitionen beleben.

7 Literatur

7.1 Zitierte Literatur

Bamberger, Burkhard (1994): Der Erfolg von Unternehmensakquisitionen in Deutschland, Bergisch Gladbach, Köln: Eul 1994.

Bechtold, Rainer (1999): Fusionskontrolle bei Übernahme von börsennotierten Unternehmen, in: Rosen, Rüdiger von; Seifert, Werner G. (Hrsg.): Die Übernahme börsennotierter Unternehmen, Schriften zum Kapitalmarkt, Band 2, Frankfurt a.M.: Deutsches Aktieninstitut 1999, S. 485-501.

Becker, Jörg; Kahn, Dieter; Wernsmann, Clemens (2000): Projektmanagement, in: Becker, Jörg; Kugeler, Martin; Rosemann, Michael (Hrsg.): Prozessmanagement: Ein Leitfaden zur prozessorientierten Organisationsgestaltung, Berlin u.a.: Springer 2000, S. 15-43.

Bleymüller, Josef; Gehlert, Günther; Gülicher, Herbert (1996): Statistik für Wirtschaftswissenschaftler, 10. Auflage, München: Vahlen 1996.

Frank, Gert-M. (1993): Rahmenbedingungen von Unternehmensübernahmen in Deutschland, Stuttgart u.a.: Kohlhammer 1993.

Frasch, Gerhard (1987): Der Rücklaufprozeß bei schriftlichen Befragungen: Formale Modelle zur Analyse kollektiver Regelmäßigkeiten, Frankfurt a.M. u.a.: Lang 1987.

Gehrke, Ingmar (1999): Desinvestitionen erfolgreich planen und steuern, München: Vahlen 1999.

Gerpott, Torsten J. (1993): Integrationsgestaltung und Erfolg von Unternehmensakquisitionen, Stuttgart: Schäffer-Poeschel 1993.

Helder GmbH; Hees Rechtsanwälte (Hrsg.) (1999): Der Due Diligence-Report, Hamburg 1999.

Holm, Kurt (Hrsg.) (1975): Die Befragung 1: Der Fragebogen - Die Stichprobe, München: Francke 1975.

Hubbard, Graham; Lofstrom, Shawn; Tully, Richard (1994): Diligence Checklists: Do They Get The Best Answers?, in: Mergers & Acquisitions, September/October 1994, S. 33-38.

Kirschhofer-Bozenhardt, Andreas von; Kaplitza, Gabriele (1975): Der Fragebogen, in: Holm, Kurt (Hrsg.): Die Befragung 1: Der Fragebogen - Die Stichprobe, München: Francke 1975, S. 92-126.

Laatz, Wilfried (1993): Empirische Methoden: Ein Leitfaden für Sozialwissenschaftler, Frankfurt a.M. u.a.: Deutsch 1993.

M&A International (2000): Statistik, Königstein 2000, URL: http://www.m-a-international.com/stat_d.html.

M&A-Review (1999): Top Deals, in: M&A-Review, 12/1999, S. 537-559.

Marten, Kai-Uwe; Köhler, Annette (1999): Due Diligence in Deutschland - Eine empirische Untersuchung, in: Finanz-Betrieb, 11/1999, S. 337-348.

Moosmayer, Oliver: Aufklärungspflichten beim Unternehmenskauf, Hamburg: W. Mauke Söhne 2000.

Müller-Stewens, Günter; Spickers, Jürgen; Deiss, Christian (1999): Mergers & Acquisitions: Markttendenzen und Beraterprofile, Stuttgart: Schäffer-Poeschel 1999.

o.V. (2001): Familienbetriebe prägen die Wirtschaft, in: Süddeutsche Zeitung, Nr. 233 vom 10.10.2001, S. 28.

Peemöller, Volker H.; Bömelburg, Peter; Denkmann, Andreas (1994): Unternehmensbewertung in Deutschland - Eine empirische Erhebung, in: Die Wirtschaftsprüfung, 22/1994, S. 741-749.

Peemöller, Volker H.; Kunowski, Stefan; Hillers, Jens (1999): Ermittlung des Kapitalisierungszinssatzes für internationale Mergers & Acquisitions bei Anwendung des Discounted Cash Flow-Verfahrens (Entity-Ansatz) - eine empirische Erhebung, in: Die Wirtschaftsprüfung, 16/1999, S. 621-630.

Pellens, Bernhard; Tomaszewski, Claude; Weber, Nicolas (2000): Wertorientierte Unternehmensführung in Deutschland - Eine empirische Untersuchung der DAX 100-Unternehmen, in: Der Betrieb, 37/2000, S. 1825-1833.

Stier, Winfried (1999): Empirische Forschungsmethoden, 2. Auflage, Berlin u.a.: Springer 1999.

7.2 Weitere Literatur zur Due Diligence (ab 1997)

Althauser, Ulrich; Tonscheidt-Göstl, Dagmar: Kultur Due Diligence - Erfolgsfaktor bei Fusionen und Akquisitionen, in: Personalwirtschaft, 8/1999, S. 40-46.

Barthel, Carl W.: Unternehmenswert-Ermittlung vs. Due-Diligence-Untersuchung - Teil I und II, in: DStZ, 3/1999, S. 73-81, 4/1999, S. 136-143.

Barthel, Carl W.: Unternehmenswert- und Kaufpreisfundierung mittels Schwerpunktanalysen im Rahmen einer Due Diligence, in: DStR, 10/1999, S. 365-376.

Berens, Wolfgang; Brauner, Hans U. (Hrsg.): Due Diligence bei Unternehmensakquisitionen, 2. Auflage, Stuttgart: Schäffer-Poeschel 1999.

Bihr, Dietrich: Due Diligence: Geschäftsführungsorgane im Spannungsfeld zwischen Gesellschafts- und Gesellschafterinteressen, in: Betriebs-Berater, 23/1998, S. 1198-1201.

Botta, Volkmar: Due Diligence - Instrument zur Risikobegrenzung von Unternehmensakquisitionen, in: BBK, 6/2000, S. 277-289.

Bremer, Jürgen: Herausgabe von Informationen im Rahmen einer Due Diligence, in: GmbH-Praxis, 4/2000, S. 176-180.

Carleton, J. Robert: Cultural Due Diligence, in: Training, November 1997, S. 67-75.

Davis, Christopher: New Dimensions in Due Diligence, in: International company and commercial law review (ICCLR), 7/1997, S. 243-246.

Dielmann, Klaus: Unternehmenskauf und Human Ressourcen: Due Diligence-Prüfung, in: Personal, 9/1997, S. 470-473.

Dowty, John; Ketterer, Daniel; Meyer, Victor: Due diligence in China, in: Der Schweizer Treuhänder, 4/1998.

Ernst, Dietmar: M&A in Polen - Rechtliche Due Diligence beim Unternehmenskauf, in: Osteuropa-Wirtschaft, 1/2000, S. 33-39.

Evans, Frank C.: Tips for the Valuator; A due diligence "must do" list for accurate appraisals., in: Journal of Accountancy, Vol.189, 2000, No. 3., S. 35-41.

Fleischer, Holfer; Körber, Torsten: Due diligence und Gewährleistung beim Unternehmenskauf, in: Betriebs-Berater, 17/2001, S. 841-849.

Godefroid, Christoph: ... Kontrolle ist besser. Möglichkeiten und Grenzen der Due Diligence beim Unternehmenskauf, in: FLF, 2/2000, S. 46-51, 3/2000, S. 90-95.

Götze, Cornelius: Auskunftserteilung durch GmbH-Geschäftsführer im Rahmen der Due Diligence beim Beteiligungserwerb, in: ZGR, 1-2/1999, S. 202-233.

Götze, Cornelius: Ad-hoc-Publizitätspflicht bei Zulassung einer Due Diligence durch AG-Vorstand?, in: Betriebs-Berater, 46/1998, S. 2326-2330.

Hartmann, Matthias: Due Diligence bei High-Tech-Unternehmen, in: DSWR, 11/1998, S. 305-308.

Harvey, Michael; Lusch, Robert F.: Beyond Traditional Due Diligence for Mergers and Acquisitions in the 21st Century, in: Review of Business, Spring/1998, S. 17-21.

Hausheer, Kurt J.: Businessplan und Due Diligence, in: Krebs, Alexander (Hrsg.): Management Buyout, Chur u.a.: Rüegger 1998, S. 105-128.

Höfer, Reinhold; Küpper, Peter: Due Diligence für Verpflichtungen aus der betrieblichen Altersversorgung, in: Der Betrieb, 26/1997, S. 1317-1321.

Horst, Peter; Hardtke, Arnd: Umwelt-Due-Diligence bei Unternehmens- und Grundstückstransaktionen, in: M&A-Review, 2/1999, S. 65ff.

Kiethe, Kurt: Vorstandshaftung aufgrund fehlender Due Diligence beim Unternehmenskauf, in: NZG, 20/1999, S. 976-983.

Koch, Wolfgang; Wegmann, Jürgen: "Due Diligence" als Voraussetzung der Börseneinführung, in: Going Public, 3/1998, S. 32-33.

Koch, Wolfgang; Wegmann, Jürgen: Praktiker-Handbuch Due Diligence: Chancen-, Risiken-Analyse mittelständischer Unternehmen, Stuttgart: Schäffer-Poeschel 1998.

Koch, Wolfgang; Wegmann, Jürgen: Branchenstudien im Vorfeld eines IPO - Ein Muß für jede Due Diligence, in: Going Public, 1/1999, S. 62-65.

König, Thomas; Fink, Peter: Zusatznutzen durch erweiterte Umwelt-Due-Diligence über die Altlastenproblematik hinaus, in: M&A, 6/2000, S. 220-224.

Kolb, Uwe; Chan, Bill: Due Diligence Reviews in China, in: M&A-Review, 2/1998, S. 61-66.

Kolb, Uwe; Görtz, Birthe: Der Financial Due Diligence-Report, in: M&A-Review, 7-8/1997, S. 311-316.

Kolb, Uwe; Görtz, Birthe: Vendor Due Diligence im Rahmen von Unternehmenstransaktionen aus Sicht der Praxis, in: M&A-Review, 11/1999, S. 469-473.

König, Thomas; Fink, Peter: Umwelt-Due Diligence bei Unternehmenstransaktionen, in: Energiewirtschaftliche Tagesfragen, 8/1999, S. 527-528.

Krüger, Dirk: Steuerliche Fallstricke bei der Due Diligence-Prüfung, in: IDW (Hrsg.): Weltweite Rechnungslegung und Prüfung: Bericht über die IDW-Fachtagung 1997 in Hannover, Düsseldorf: IDW 1998, S. 401-425.

Krüger, Dirk; Kalbfleisch, Eberhard: Due Diligence bei Kauf und Verkauf von Unternehmen - Rechtliche und steuerliche Aspekte der Vorprüfung beim Unternehmenskauf, in: DStR, 4/1999, S. 174-180.

Krüger, Horst: Due Diligence als professioneller Standard bei M&A-Projekten, in: Picot, Arnold; Nordmeyer, Andreas; Pribilla, Peter (Hrsg.): Management von Akquisitionen: Akquisitionsplanung und Integrationsmanagement, Kongress-Dokumentation, Stuttgart: Schäffer-Poeschel 2000, S. 153-159.

Lajoux, Alexandra Reed; Elson, Charles: The Art of M&A Due Diligence, New York u.a.: McGraw-Hill 2000.

Lebedow, Aaron: Due Diligence: More Than a Financial Exercise, in: Journal of Business Strategy, January/February 1999, S. 12-14.

Lechtape, Anja; Krumbholz, Marcus: Due Diligence Reviews - nur eine Modeerscheinung aus den USA?, in: Steuern und Bilanzen (StuB), 15/1999, S. 826-827.

Leoprechting, Gunter von: Bewertung von Unternehmensstrategien; Commercial Due Diligences im Rahmen von Unternehmenstransaktionen und Beteiligungen, in: Betrieb und Wirtschaft 18/2000., S. 786-792.

Loges, Rainer: Der Einfluß der "Due Diligence" auf die Rechtsstellung des Käufers eines Unternehmens, in: Der Betrieb, 19/1997, S. 965-969.

Lubos, Günter: Besonderheiten bei der Übernahme von Krisenunternehmen - Praxisprobleme bei Due Diligence, Risiko- und Kaufpreisermittlung, in: DStR, 23/1999, S. 951-956.

Lutter, Marcus: Due diligence des Erwerbers beim Kauf einer Beteiligung, in: ZIP, 15/1997, S. 613-620.

Marx, Franz Jürgen; Löffler, Christoph: Die Berücksichtigung von Risiken und Chancen im Rahmen der Tax Due Diligence beim Unternehmenskauf, in: StuB, 7/2000, S. 333-340.

Maute, Hanspeter: Due Diligence beim Going Public; Wesentliche Inhalte und Ablauf einer Due Diligence, in: Going Public 12/1999, S. 138-141.

Müller, Klaus J.: Gestattung der Due Diligence durch den Vorstand der Aktiengesellschaft, in: NJW, 47/2000, S. 3452-3456.

Nölting, Andreas: Nabelschau - Due Diligence, in: manager magazin, Oktober 1998, S. 120-130.

Nowotny, Christian: "Due Diligence" und Gesellschaftsrecht, in: Wirtschaftsrechtliche Blätter, 4/1998, S. 145-154.

Pack, Heinrich: Due Diligence, in: Picot, Gerhard (Hrsg.): Handbuch Mergers & Acquisitions, Stuttgart: Schäffer-Poeschel 2000, S. 221-253.

Pföhler, Martin; Hermann, Markus: Grundsätze zur Durchführung von Umwelt-Due-Diligence, in: Die Wirtschaftsprüfung, 18/1997, S. 628-635.

Picot, Gerhard; Vondenhoff-Mertens: Mergers & Acquisitions optimal managen, Teil 3: Due Diligence, in: Handelsblatt vom 26./27.03.1999, S. K3.

Pollanz, Manfred: Due Diligence als künftiges Instrument einer risikoorientierten Abschlußprüfung?, in: Betriebs-Berater, 26/1997, S. 1351-1356.

Rock, Hermann: Legal Due Diligence: Checkliste "Der freie Mitarbeiter", in: M&A-Review, 9/1998, S. 371-374.

Schindler, Christoph M.: Due Diligence als Praxisaufgabe, in: Gablers Magazin, 9/1998, S. 30-33.

Schmeisser, Wilhelm; Clermont, Alois: Due Diligence-Prüfung im Personalcontrolling, in: Personalwirtschaft, 6/1999, S. 50-55.

Schroeder, Ulrich: Darf der Vorstand der Aktiengesellschaft dem Aktienkäufer eine Due Diligence gestatten?, in: Der Betrieb, 43/1997, S. 2161-2166.

Schulte, Knut: Rechtliche Due Diligence-Untersuchungen über Internet-Anbieter, in: DStR, 34/2000, S. 1437-1443.

Schuppener, Jörg; Thiele, Achim Thomas: Unternehmensübernahmen (IV): Die Due Diligence bei Unternehmensübernahmen, in: Kreditpraxis, 1/2000, S. 22-25.

Schwerdtfeger, Armin; Kreuzer, Philipp: Unternehmenskauf und "Due Diligence" - Anspruch des vorkaufsberechtigten Erwerbers?, in: Betriebs-Berater, 36/1998, S. 1801-1804.

Sebastian, Karl-Heinz; Niederdrenk, Ralph; Tesch, Andreas: Market Due Diligence, in: WISU, 8-9/1998, S. 888-890.

Sebastian, Karl-Heinz; Niederdrenk, Ralph; Tesch, Andreas: Market Due Diligence: Bewertung von Unternehmens aus Sicht des Marktes, in: M&A-Review, 5/1998, S. 207-211.

Spill, Joachim: Due Diligence - Praxishinweise zur Planung, Durchführung und Berichterstattung, in: DStR, 43/1999, S. 1786-1792.

Streck; Mack; Schwedhelm: Steuer-Journal - Die gebremste Due diligence bei Steuerrisiken, in: Die Aktiengesellschaft, 9/1998, S. 421-422.

Treeck, Joachim: Die Offenbarung von Unternehmensgeheimnissen durch den Vorstand einer Aktiengesellschaft im Rahmen einer Due Diligence, in: Großfeld, Bernhard u.a. (Hrsg.): Festschrift für Wolfgang Fikentscher, Tübingen: Mohr Siebeck 1998, S. 434-455.

Turiaux, André; Knigge, Dagmar: Umweltrisiken bei M&A-Transaktionen - Risikominimierung durch Environmental Due Diligence Auditing, in: Betriebs-Berater, 18/1999, S. 913-920.

Wegmann, Jürgen; Koch, Wolfgang: Due Diligence - Unternehmensanalyse durch externe Gutachter - Ablauf und Technik, Folge-Due Diligence als neuer Analysestandard, in: DStR, 24/2000, S. 1027-1032.

Weidinger, Robert; Mündemann, Tobias: Cultural Due Diligence - ein Beitrag zur Bewertung von Unternehmenskulturen bei Mergers & Acquisitions, in: M&A-Review, 10/1999, S. 427-432.

Werner, Rüdiger: Haftungsrisiken bei Unternehmensakquisitionen: die Pflicht des Vorstands zur Due Diligence, in: ZIP 21, 23/2000, S. 989-996.

Wilfert, Arno; Ziechmann, Patrick: Due-Diligence: Beurteilung wirtschaftlicher Risiken bei Investitions- und Finanzierungsentscheidungen - ein Ansatz von Arthur D. Little, in: Fink, Dietmar (Hrsg.): Management Consulting Fieldbook, München: Vahlen 2000.

Winkler, Oskar; Birkner, Albert: Informationsweitergabe bei due diligence und Aktienerwerb, in: GesRZ, 1999, S. 234-245.

Wißmann, Markus: Due Diligence durch Wirtschaftsprüfer beim Unternehmenskauf, in: WPK-Mitt., 3/1999, S. 143-153.

Wrona, Thomas: Due Diligence-Analye, in: DBW, 5/2000, S. 671-675.

Ziegler, Ole: "Due Diligence" im Spannungsfeld zur Geheimhaltungspflicht von Geschäftführern und Gesellschaftern, in: DStR, 6/2000, S. 249-255.

8 Anlagen

8.1 Anschreiben

Westfälische Wilhelms-Universität Münster
Lehrstuhl für Betriebswirtschaftslehre, insb. Controlling
Prof. Dr. Wolfgang Berens

«ErsteZeile»
«Firmenname»
«Anrede» «Ansprech»
«Strasse»
«PLZOrt»

Universitätsstraße 14-16 · 48143 Münster
Telefon: (0251) 83 - 22017
Telefax: (0251) 83 - 22018
e-mail: controlling@wiwi.uni-muenster.de
Montag, den 15. September 2000

Forschungsprojekt - Due Diligence in Deutschland

«Anrede1» «Anrede2» «Anrede3»,

die Akquisitionstätigkeit deutscher Unternehmen hat in den letzten Jahren neue Rekordstände erreicht. Die Durchführung einer Due Diligence bei einer beabsichtigten Transaktion gehört mittlerweile auch in Deutschland zum 'Werkzeugkasten' der Akquisiteure und ihrer Berater.

Mein Lehrstuhl beschäftigt sich intensiv mit Mergers & Acquisitions (M&A), speziell mit Unternehmensbewertungsverfahren und der Due Diligence. Der erste deutschsprachige Sammelband 'Due Diligence bei Unternehmensakquisitionen' (hrsg. mit Herrn Dr. Hans U. Brauner, ehem. Vorsitzender des Vorstandes der Rheinmetall AG) faßt den bisherigen Stand zusammen.

Insbesondere die Frage, ob und inwieweit die Durchführung einer Due Diligence im wirtschaftsrechtlichen Sinne als eine Verkehrssitte anzusehen ist und welche Konsequenzen sich hieraus für das Verhältnis zu Gewährleistungsregelungen und anderen Vereinbarungen im Vertragswerk ergeben, ist eine Frage, die uns beschäftigt (siehe auch die beigefügte Beschreibung des Forschungsprojektes). Aus diesem Grunde wenden wir uns jetzt an Unternehmen, die in den letzten Jahren eine oder mehrere Unternehmensakquisitionen durchgeführt haben.

Ich würde mich sehr freuen, wenn Sie oder der für Unternehmensakquisitionen verantwortliche Mitarbeiter die Zeit zur Verfügung stellen können, unseren Fragebogen bezüglich Ihrer letzten Akquisition zu beantworten. Sie erweisen uns hiermit einen Dienst im Rahmen der Forschung zur Due Diligence. Ihre Anworten werden anonym und vertraulich behandelt.

Gerne senden wir Ihnen nach Abschluß des Projektes den Forschungsbericht zur Due Diligence vor der Veröffentlichung zu. Bei Interesse schreiben Sie uns einfach eine e-mail.

Mit freundlichen Grüßen aus Münster

Prof. Dr. Wolfgang Berens

8.2 Beschreibung des Forschungsprojektes

Forschungsprojekt 'Due Diligence in Deutschland'

Empirische Untersuchungen zum Einsatz einer Due Diligence bei M&A belegen auch in Deutschland mittlerweile eine erhöhte Verbreitung (bspw. *Marten*, in: Finanz Betrieb 11/1999). Differenziert wird bei den Untersuchungen zwischen einzelnen Teilreviews (Financial, Tax, Legal etc.), allerdings wurden bislang keine Erkenntnisse zur Art und Weise der Durchführung der Due Diligence gewonnen. Somit bleibt bei diesen Untersuchungen unklar, was von den Beteiligten in der Unternehmenspraxis konkret unter einer Due Diligence verstanden wird. Dieses Erkenntnisdefizit korrespondiert mit den Beiträgen in der betriebswirtschaftlichen und wirtschaftsrechtlichen Literatur: Oftmals checklistenartig werden einzelne Untersuchungsgegenstände aufgelistet und erläutert, eine theoretische Fundierung des Prozesses Due Diligence hingegen unterbleibt.

Prof. Dr. Wolfgang Berens

Gewährleistungsrechtlich relevant ist die Due Diligence im Hinblick auf die Frage, ob den Käufer eine Verpflichtung zur Prüfung des Unternehmens vor dem Kauf trifft. Dies ist dann der Fall, wenn eine Verkehrssitte existiert, nach der eine solche Prüfung üblicherweise stattfindet (§ 460 BGB). Liegt demnach eine Verkehrssitte 'Durchführung einer Due Diligence bei einem Unternehmenskauf' vor, droht dem Käufer bei Unterlassen derselben der Verlust seiner Gewährleistungsrechte. Nun ist die Frage nach einer Verkehrssitte keine 0/1-Variable, vielmehr sind in diesem Zusammenhang auch Untersuchungsumfang und -tiefe zu konkretisieren. Nur so kann festgestellt werden, ob ein Käufer in einem bestimmten Fall Prüfungspflichten verletzt hat. Die Frage, ob und wie in der Praxis tatsächlich Due Diligence-Prüfungen durchgeführt werden, kann letztlich nur durch eine empirische Untersuchung beantwortet werden.

Die Stichprobe der angeschriebenen Unternehmen setzt sich zu einem Teil aus Unternehmen in der M&A Review-Datenbank, und zu einem anderen Teil aus den umsatzgrößten Unternehmen in Deutschland zusammen. Auf diese Weise ist gewährleistet, daß die Struktur der deutschen Unternehmenslandschaft im Hinblick auf Unternehmensgrößen und Rechtsformen repräsentiert wird. In dem Fragebogen werden Informationen über aufbau- und ablauforganisatorische Aspekte sowie die Einschätzung der wirtschaftlichen und wirtschaftsrechtlichen Relevanz der Due Diligence erhoben. In Verbindung mit den Transaktionscharakteristika wie Umsatz, Branche und Zahl der Mitarbeiter von Käufer und Zielunternehmen sollen Aussagen abgeleitet werden, wie in der Unternehmenspraxis eine Due Diligence durchgeführt wird. Lassen sich so valide Ergebnisse ermitteln, die auf Trends und künftige Standards bzw. Grundsätze zur Durchführung einer Due Diligence schließen lassen, wäre hiermit auch ein Beitrag zur Würdigung der Prüfungspflichten unter gewährleistungsrechtlichen Gesichtspunkten geleistet.

8.3 Fragebogen

Westfälische Wilhelms-Universität Münster
Lehrstuhl für Betriebswirtschaftslehre, insb. Controlling
Prof. Dr. Wolfgang Berens

Fragebogen

Due Diligence in Deutschland

Wir möchten mit dem vorliegenden Fragebogen untersuchen, inwieweit sich Trends hinsichtlich der Durchführung einer Due Diligence bei der Akquisition deutscher Unternehmen abzeichnen.
Die Fragen beziehen sich stets auf eine, von Ihnen durchgeführte, Akquisition.

Wir bitten um Ihre Unterstützung des Forschungsprojektes.
Vielen Dank für Ihre Bemühungen!

Bitte senden Sie den Fragebogen an folgende Adresse (Rückumschlag liegt bei):

Westfälische Wilhelms-Universität Münster
Lehrstuhl für Betriebswirtschaftslehre, insb. Controlling
Universitätsstraße 14-16 · 48143 Münster
Internet: http://www.wiwi.uni-muenster.de/ctrl

Für Rückfragen stehen wir gerne zur Verfügung:

Telefon: 0251/83-22568 (Herr Strauch)
e-mail: controlling@wiwi.uni-muenster.de

Hinweise

- Alle Angaben werden nur für wissenschaftliche Forschungszwecke erhoben und streng vertraulich und anonym behandelt.
- Haben Sie Interesse an den Forschungsergebnissen, schreiben Sie uns gerne eine e-mail. Wir schicken Ihnen den Bericht des Forschungsprojektes vor der Veröffentlichung zu.

0 Einleitung und Informationen zu Ihrer Akquisitionstätigkeit

Um ein möglichst einheitliches Verständnis des Begriffes Due Diligence im Rahmen des Forschungsprojektes zu gewährleisten, sei die folgende Definition zu Grunde gelegt:

> Bei einer Due Diligence handelt es sich um Analysen eines Unternehmens, die bei der Vorbereitung von Unternehmensakquisitionen und -fusionen zum Ziel der Informationsgewinnung des Entscheidungsträgers in den Planungs- und Entscheidungsprozess integriert werden.

Wie viele Unternehmen oder Unternehmensanteile mit Rechtssitz in Deutschland wurden in Ihrem Verantwortungsbereich von 1997-2000 erworben? ☐
(Senden Sie uns bitte den Fragebogen auch dann zurück, wenn Sie keine Akquisitionen getätigt haben.)

Bei wie vielen dieser Akquisitionen wurde eine Due Diligence durchgeführt? ☐
(Falls keine Due Diligence durchgeführt wurde, beantworten Sie uns bitte die Fragen 1.1-1.3 und 2.1-2.3.)

Wie oft wurde eine Due Diligence ohne anschließende Akquisition durchgeführt? ☐

Beantworten Sie uns bitte den Fragebogen bezogen auf die letzte Akquisition eines deutschen Zielunternehmens, bei der eine Due Diligence durchgeführt wurde.

1 Informationen zu den beteiligten Unternehmen

Frage 1.1
Welche Rechtsform hatten die Unternehmen zum Zeitpunkt der Unternehmenstransaktion?

Akquirierendes Unternehmen	Rechtsform	Ziel-unternehmen
☐	AG (börsennotiert)	☐
☐	AG	☐
☐	KGaA	☐
☐	GmbH	☐
☐	KG / GmbH & Co. KG	☐
☐	OHG	☐
______	Sonstige	______

Frage 1.2
Welche Höhe wiesen die zentralen Kennzahlen zur Charakterisierung der Unternehmensgrößen zum Zeitpunkt der Unternehmenstransaktion auf?
(bei (Teil-)Konzernen bezogen auf den (Teil-)Konzern)

Akquirierendes Unternehmen		Ziel-unternehmen
______	Umsatz (in Mio. DM)	______
______	Bilanzsumme (in Mio. DM)	______
______	Zahl der Mitarbeiter	______

Frage 1.3
In welchen Branchen sind bzw. waren die Unternehmen (bei diversifizierten Unternehmen: die Geschäftsbereiche) tätig?

Akquirierendes Unternehmen	Branche	Ziel-unternehmen
☐	Energie	☐
☐	Chemie	☐
☐	Pharma	☐
☐	Metallverarbeitung	☐
☐	Maschinenbau	☐
☐	Automobilindustrie	☐
☐	Elektrotechnik	☐
☐	IT/Telekommunikation	☐
☐	Internet und e-commerce	☐
☐	Luft- und Raumfahrt	☐
☐	Handel	☐
☐	Bau- und Baustoffindustrie	☐
☐	Holz/Papier/Verpackungen	☐
☐	Textil und Bekleidung	☐
☐	Nahrungs- /Genußmittel	☐
☐	Finanzdienstleistungen	☐
☐	Versicherungen	☐
☐	Transport und Verkehr	☐
☐	Dienstleistungen	☐
☐	Medien	☐
☐	Beteiligungsgesellschaft	☐
______	Sonstige	______

2 Informationen zur Unternehmenstransaktion und zum Akquisitionsprozeß

Frage 2.1
Wie wurde die Unternehmenstransaktion durchgeführt?

Erwerb einer Beteiligung (Share Deal), und zwar in Höhe von

- ❑ unter 50%
- ❑ mehr als 50% und unter 75%
- ❑ gleich 50%
- ❑ 75% und mehr

- ❑ **Erwerb von Aktiva (Asset Deal)**
- ❑ **Verschmelzung (Merger)**

Frage 2.2
In welchem Umfeld fand die Unternehmenstransaktion statt?

Verhandlungsverfahren

- ❑ Es wurde ausschließlich mit Ihrem Unternehmen verhandelt
- ❑ Das Zielunternehmen verhandelte mit mehreren potenziellen Erwerbern

- ❑ **Bieter- bzw. Auktionsverfahren**

Frage 2.3
Wie lang war der Zeitraum zwischen dem Beginn des Akquisitionsprozesses und der Übergabe des Unternehmens (closing)?
(Beginn des Akquisitionsprozesses = Aufnahme des Zielunternehmens in die Akquisitionsüberlegungen.)

- ❑ < 3 Monate
- ❑ 3 Monate bis < 6 Monate
- ❑ 6 Monate bis < 9 Monate
- ❑ 9 Monate bis < 12 Monate
- ❑ 12 Monate bis < 15 Monate
- ❑ 15 Monate bis < 18 Monate
- ❑ 18 Monate und länger

Frage 2.4
Charakterisieren Sie bitte kurz das vorrangige Ziel bzw. den Schwerpunkt der Due Diligence!
(bspw. Kennenlernen Zielunternehmen, Risiken aufdecken, Synergiebestimmung, Kaufpreisreduzierung etc.)

____

Frage 2.5
Welche Vereinbarungen wurden vor der Durchführung der Due Diligence getroffen?
(Wenn mehrere zutreffend, bitte in der Reihenfolge aufsteigend numerieren.)

- ☐ Vertraulichkeitserklärung
- ☐ (Verbindliches) Kaufpreisangebot
- ☐ Letter of Intent
- ☐ Sonstige: ____________

Frage 2.6
Wie viele Wochen vor der Übergabe des Unternehmens (closing) begann die Due Diligence?

____ Wochen

Frage 2.7
Wie viele Tage dauerte die Due Diligence?
(Sofern in mehreren Phasen innerhalb des Akquisitionsprozesses eine Due Diligence oder Teile derselben durchgeführt wurden, beziehen Sie Ihre Antwort bitte auf die Gesamtheit der Due Diligence.)

____ Tage insgesamt, davon ____ Tage im Zielunternehmen

3 Zusammensetzung des 'Due Diligence-Teams'

Welche Personen waren an der Durchführung der Due Diligence wie lange beteiligt?

Bitte tragen Sie die geschätzte Anzahl 'Manntage' der an der Durchführung **beteiligten Mitarbeiter und Berater Ihres Unternehmens** in die Tabelle ein.
Der auf den ersten Blick hohe Aufwand hierfür relativiert sich, wenn Sie bedenken, daß nicht in jedem Falle alle Felder auszufüllen sind.
Sind Personen in mehreren Analysebereichen eingesetzt worden, teilen Sie diese bitte anteilsmäßig auf.
Beispiel: Drei Personen einer Abteilung waren je 5 Tage in zwei Analysebereichen eine gleich lange Zeit beschäftigt, tragen Sie bitte in jedem Analysebereich 7,5 (= 3x5/2) ein.

Analysebereiche / Beteiligte Personen	Projektleitung	Strategy & Market	Financial & Tax	Legal	Human Resources	Organisation & IT	Production/ Technical	Environmental
Interne Mitarbeiter								
Vorstand bzw. Geschäftsführung								
M&A-Abteilung								
Marketing								
Controlling/Finanzen/Steuern								
Recht								
Personal								
Produktion								
Sonstige Abteilungen								
Externe Prüfer/Berater								
Wirtschaftsprüfungsgesellschaften								
Steuerberatungsgesellschaften								
Rechtsanwaltskanzleien								
Unternehmensberatungen								
Banken bzw. Investmentbanken								
Sonstige Dienstleister								

Wie viele Mitarbeiter und Berater des Zielunternehmens standen in den jeweiligen Analysebereichen zur Verfügung? Bitte tragen Sie wiederum die geschätzte Anzahl 'Manntage' ein.

Mitarbeiter/Berater des Zielunternehmens								

Strategy & Market	Analyse der strategischen Ausrichtung und Wettbewerbsposition
Financial & Tax	Analyse der finanziellen, wirtschaftlichen und steuerlichen Situation
Legal	Analyse der rechtlichen Konstitution und der vertraglichen Rechte und Verpflichtungen
Human Resources	Analyse der Qualifikation des Managements und der Mitarbeiter
Organisation & IT	Analyse der Organisationsstruktur und der Informationstechnologie/EDV-Infrastruktur
Production/Technical	Analyse der produktionstechnischen Ausstattung und der Fertigungsverfahren
Environmental	Analyse möglicher Umweltrisiken und Altlasten

4 Informationsquellen während der Due Diligence

Frage 4.1
Welche Informationsquellen waren bei der Durchführung der Due Diligence von Bedeutung?

	nicht gegeben	Bedeutung: sehr gering	gering	mittel	groß	sehr groß
Öffentlich zugängliche Informationen (Geschäftsberichte, Internet, Presse, Datenbanken etc.)	☐	☐	☐	☐	☐	☐
Befragung Unternehmensexterner (Kunden, Lieferanten, Branchenkenner etc.)	☐	☐	☐	☐	☐	☐
Management-Präsentation	☐	☐	☐	☐	☐	☐
Gespräche mit Mitarbeitern des Zielunternehmens	☐	☐	☐	☐	☐	☐
Betriebsbesichtigungen	☐	☐	☐	☐	☐	☐

Unterlagen des Zielunternehmens

	Wurden zur Verfügung gestellt		Wurden nicht zur Verfügung gestellt		Bedeutung				
	vorab durch den Verkäufer	erst auf Ihre Anfrage	da von Ihnen nicht angefordert	obwohl von Ihnen angefordert	sehr gering	gering	mittel	groß	sehr groß
Organigramm(e)	☐	☐	☐	☐	☐	☐	☐	☐	☐
Protokolle der Gesellschafterversammlungen	☐	☐	☐	☐	☐	☐	☐	☐	☐
HR-Auszug/Gesellschaftsvertrag bzw. Satzung	☐	☐	☐	☐	☐	☐	☐	☐	☐
Jahresabschlüsse/WP-Berichte/Management Letter	☐	☐	☐	☐	☐	☐	☐	☐	☐
Konten der Buchhaltung (bspw. Debitoren/Kreditoren)	☐	☐	☐	☐	☐	☐	☐	☐	☐
Steuererklärungen und -bescheide	☐	☐	☐	☐	☐	☐	☐	☐	☐
Risikoauswertungen (KonTraG o.ä.)	☐	☐	☐	☐	☐	☐	☐	☐	☐
Planungsrechnungen bzw. Planabschlüsse	☐	☐	☐	☐	☐	☐	☐	☐	☐
Sparten-, Deckungsbeitrags- und Ergebnisrechnungen	☐	☐	☐	☐	☐	☐	☐	☐	☐
Operative Unterlagen (Produktionsstatistiken etc.)	☐	☐	☐	☐	☐	☐	☐	☐	☐
Marktanalysen/Marktforschung	☐	☐	☐	☐	☐	☐	☐	☐	☐
Kundenstamm/Verträge mit Kunden	☐	☐	☐	☐	☐	☐	☐	☐	☐
Verträge mit Lieferanten	☐	☐	☐	☐	☐	☐	☐	☐	☐
Kooperationsverträge (bspw. mit Mitbewerbern)	☐	☐	☐	☐	☐	☐	☐	☐	☐
Öffentlich-rechtliche Auflagen/Genehmigungen	☐	☐	☐	☐	☐	☐	☐	☐	☐
Rechte und Patente	☐	☐	☐	☐	☐	☐	☐	☐	☐
Abgeschlossene und anhängige Prozesse	☐	☐	☐	☐	☐	☐	☐	☐	☐
Personalakten und Arbeitsverträge	☐	☐	☐	☐	☐	☐	☐	☐	☐
Miet- und Leasingverträge/Immobilienbesitz	☐	☐	☐	☐	☐	☐	☐	☐	☐
Versicherungspolicen	☐	☐	☐	☐	☐	☐	☐	☐	☐
Kreditverträge/Verträge mit Financiers	☐	☐	☐	☐	☐	☐	☐	☐	☐
Sonstige: ______________________	☐	☐	☐	☐	☐	☐	☐	☐	☐

Frage 4.2
Welchen sonstigen Unterlagen messen Sie eine hohe Bedeutung bei, die Ihnen vom Zielunternehmen jedoch nicht zur Verfügung gestellt wurden?

____

5 Instrumente der Due Diligence

Frage 5.1
Welche Checklisten wurden bei der Durchführung der Due Diligence verwendet?

- ❑ keine Checklisten → **weiter mit Frage 5.3**
- ❑ standardisierte Checklisten (Grundlage für jede Unternehmensakquisition)
- ❑ modifizierte Checklisten (abgeänderte Checklisten, die früher schon Verwendung fanden)
- ❑ individuell erstellte Checklisten (bei jeder Unternehmenstransaktion neu erstellte Checklisten)

Frage 5.2
Wie hoch war die Anzahl der zu prüfenden Fragen/Positionen der Checklisten (ca., geschätzt)?

_____ Fragen/Positionen

Frage 5.3
Welche Instrumente/Tools wurden bei der Durchführung der Due Diligence unterstützend eingesetzt (Analyse-Techniken, Planungs-Programme, Internet/Intranet, Workflow-Systeme etc.)?

____

6 Wirtschaftliche und wirtschaftsrechtliche Relevanz der Due Diligence

Frage 6.1
Geben Sie uns bitte die bei Ihnen am ehesten zutreffende Reihenfolge der Phasen während des gesamtes Prozesses zur Einordnung der Due Diligence an!

❑	Due Diligence	→	Unternehmenswert	→	Kaufpreis
❑	Due Diligence	→	Kaufpreis	→	Unternehmenswert
❑	Kaufpreis	→	Due Diligence	→	Unternehmenswert
❑	Unternehmenswert	→	Due Diligence	→	Kaufpreis
❑	Kaufpreis	→	Unternehmenswert	→	Due Diligence
❑	Unternehmenswert	→	Kaufpreis	→	Due Diligence

Frage 6.2
Welchen Einfluß hatte die Due Diligence auf den Kaufpreis und auf Ihre Einschätzung des Unternehmenswertes?

	verringerte sich		blieb	erhöhte sich		
	stark	gering	gleich	gering	stark	
Der Kaufpreis	❑	❑	❑	❑	❑	durch die Due Diligence
Der Unternehmenswert	❑	❑	❑	❑	❑	durch die Due Diligence

Frage 6.3
Welche Auswirkung hatte die Due Diligence auf Revisionen Ihrer geplanten Strategie bzw. auf die Identifizierung strategischer Optionen durch die Akquisition des Zielunternehmens?

	sehr gering	gering	keine	groß	sehr groß
Die Auswirkung war	❑	❑	❑	❑	❑

Frage 6.4
Inwieweit beeinflußte die Due Diligence die Ausgestaltung des Vertragswerkes?

	sehr gering	gering	mittel	groß	sehr groß
Der Einfluß war	❑	❑	❑	❑	❑

Frage 6.5
Wie charakterisieren Sie das Verhältnis von Due Diligence und Garantien im Vertragswerk?

❑ **Erstellung:** Der Garantiekatalog wurde auf der Grundlage der Due Diligence vereinbart

Ein zuvor vorliegender Garantiekatalog wurde auf der Grundlage der Due Diligence geändert. Diese Änderung betrifft schwerpunktmäßig ...

❑ **Erweiterung:** Entdeckte Sachverhalte fanden Eingang in den Vertrag
❑ geringfügige Erweiterung ❑ erhebliche Erweiterung

❑ **Verkürzung:** Untersuchte Sachverhalte machten Garantien überflüssig
❑ geringfügige Verkürzung ❑ erhebliche Verkürzung

❑ **Modifikation:** Zuvor vereinbarte Garantien wurden nach der Due Diligence überarbeitet
❑ geringfügige Modifikation ❑ erhebliche Modifikation

❑ **Kein Verhältnis:** Garantien gingen unabhängig von der Due Diligence in den Vertrag ein

Frage 6.6
Wie hoch waren die Kosten für die Durchführung der gesamten Due Diligence?

____ TDM für **extern** in Anspruch genommene Dienstleistungen (Prüfer, Berater etc.)

____ TDM für **intern** in Anspruch genommenes Personal (einschl. Reisekosten) (geschätzt)

Frage 6.7
Wie hoch war der Kaufpreis bei der zugrundeliegenden Transaktion?

____ Mio. DM

7 Dokumentation und Berichterstattung über die Due Diligence

Welche Berichte (Reports, Memoranden) wurden über die Due Diligence angefertigt?

Art des Berichts	Inhalt/Thema	Ersteller	Empfänger (Projektleiter, Entscheidungsträger etc.)	Umfang (Seiten, ca.)
❑ Teil-/Zwischenbericht ❑ Abschlußbericht	____	____	____	____
❑ Teil-/Zwischenbericht ❑ Abschlußbericht	____	____	____	____
❑ Teil-/Zwischenbericht ❑ Abschlußbericht	____	____	____	____
❑ Teil-/Zwischenbericht ❑ Abschlußbericht	____	____	____	____

8.4 Aufsatz zur Due Diligence

Financial Due Diligence
Wolfgang Berens und Joachim Strauch

1 Financial Due Diligence bei Unternehmensakquisitionen

1.1 Due Diligence im Akquisitionsprozeß

Die Durchführung einer Due Diligence bei dem beabsichtigten Kauf eines Unternehmens oder einer Unternehmensbeteiligung hat sich, empirischen Untersuchungen zufolge, auch in Deutschland mittlerweile durchgesetzt (vgl. *Marten/Köhler* 1999). Ursprünglich im amerikanischen Kapitalmarktrecht konstituiert als Sorgfaltsmaßstab der an einer öffentlichen Aktienplazierung beteiligten Berater, können im Umfeld von Unternehmenskäufen und Verschmelzungen (Mergers & Acquisitions) zwei Sichtweisen unter den Begriff Due Diligence subsumiert werden.

- Die *weite Sichtweise* faßt unter Due Diligence alle mit der Beschaffung, Aufbereitung und Analyse von Informationen über ein Akquisitionsobjekt verbundenen Aktivitäten. Diese Sichtweise ist mithin akquisitionsprozeßbegleitend. Einzelne Abschnitte der Due Diligence im Akquisitionsprozeß führen zur Unterscheidung in pre due diligence (Analyse des Unternehmens aufgrund extern verfügbarer Daten), pre acquisition due diligence (nach dem letter of intent, vor dem Vertragsabschluß), post completion due diligence (nach der Vertragsunterzeichnung, vor dem Eigentumsübergang) und post acquisition due diligence (nach dem Eigentumsübergang, vor der Integration) (vgl. *Binder/Lanz* 1993).
- Die *enge Sichtweise* beschränkt den Begriff Due Diligence auf den Zugang zu internen Informationen über die Zielgesellschaft. Hierbei wird mithin auf eine Phase innerhalb des Akquisitionsprozesses abgestellt, die zeitlich nach den ersten Verhandlungen und Vereinbarungen (confidentiality agreement, letter of intent) zwischen Käufer und Verkäufer resp. Zielgesellschaft positioniert ist. Geheimhaltungserfordernisse und das berechtigte Interesse des Verkäufers am Schutz von Geschäftsgeheimnissen rücken diese Phase in die Nähe des Vertragsabschlusses.

Bei der weiten Sichtweise verschmelzen die Begriffe Due Diligence, Akquisitionsplanung und Akquisitionscontrolling. Zur Abgrenzung der Due Diligence von anderen Aktivitäten im Rahmen des Akquisitionsprozesses bietet sich daher die enge Sichtweise an und führt zu folgender Definition: 'Unter einer Due Diligence versteht man Analysen eines Unternehmens zur Erhöhung der Entscheidungsqualität und zur Absicherung gegen Akquisitionsrisiken auf der Grundlage interner Informationen, die dem potentiellen Käufer durch den Verkäufer aufgrund der beabsichtigen Transaktion gewährt werden.'

Wird die Due Diligence auf diese Weise im Akquisitionsprozeß positioniert, werden die Probleme offenbar, denen sich der potentielle Käufer bei der Durchführung einer Due Diligence gegenübersieht. Es sind hierbei vor allem die Engpässe, die für die Akquisition im allgemeinen und die Due Diligence im besonderen restriktiv sind. Im einzelnen sind dies ein informatorischer und ein zeitlicher Engpaß, die jeweils in zwei Varianten vorliegen.

- Der *informatorische Engpaß erster Variante* resultiert allgemein aus dem Umstand, daß hinsichtlich der aktuellen Situation der Zielgesellschaft und deren zukünftiger Entwicklung Unsicherheit herrscht. Dieses Dilemma trifft selbst den bestinformierten Insider, im allgemeinen das im Unternehmen handelnde Management. Der *informatorische Engpaß zweiter Variante* adressiert den Käufer als Außenstehenden, der naturgemäß einem Informationsrückstand gegenüber dem Bestinformierten ausgesetzt ist.
- Der *zeitliche Engpaß erster Variante* bezieht sich auf die insgesamt für die Akquisition und die Due Diligence zur Verfügung stehende Zeit, die im Hinblick

auf die Aufgabe der Analyse des ganzen Unternehmens, zudem unter der Prämisse einer evtl. geänderten Fortführung durch den neuen Eigentümer, regelmäßig knapp ist. Der *zeitliche Engpaß zweiter Variante* reflektiert darüber hinaus den Zugang entscheidungsrelevanter Informationen auf der Zeitachse, der als nicht zeitstetig und progressiv steigend im Prozeß angenommen werden kann.

Folge der angeführten Engpässe ist, daß die komplexe Aufgabe Unternehmensakquisition und Due Diligence interdisziplär in einem koordinierten, parallel arbeitenden Team durchzuführen ist.

1.2 Financial Due Diligence im Verhältnis zu anderen Teilreviews

Aufgrund der im Rahmen einer Due Diligence innerhalb eines kurzen Zeitraums zu bewältigenden Aufgaben wird die Gesamtaufgabe regelmäßig in einzelne Teilreviews (financial & tax, legal, strategic & market, human resources, technical, environmental due diligence etc.) aufgespalten und einzelnen Aufgabenträgern zugewiesen. Um im weiteren Verlauf des Prozesses die Koordination und Auswertung der einzelnen Ergebnisse der Teilreviews sicherzustellen, ist eine Struktur zu entwickeln, die die Beziehungen der einzelnen Teilreviews untereinander offenlegt und damit gleichzeitig den Aufgabenträgern die Kommunikationswege zu den anderen Beteiligten zuweist.

Vergegenwärtigt man sich die zwei zentralen Fragen im Rahmen einer potentiellen Akquisition, ob und zu welchem Preis die Akquisition durchgeführt werden soll, kann der Stellenwert der Financial Due Diligence innerhalb der Gesamtheit der Teilreviews herausgearbeitet werden. Ausgehend von der strategischen Planung des Käufers und der Frage, wie die strategischen Ziele durch internes Wachstum oder eben durch externes Wachstum via Akquisition erreicht werden können, ist die Frage zu beantworten, inwieweit durch die Akquisition eine Wertsteigerung möglich wird. Dies ist dann der Fall, wenn der Unternehmenswert von Käuferunternehmen und Zielunternehmen nach Abzug des Kaufpreises höher ist als der Wert des Käuferunternehmens vor der Akquisition (vgl. *Rappaport* 1999). In diesem Sinne ist die Analyse der gegenwärtigen Vermögens-, Finanz- und Ertragslage und deren voraussichtlicher Entwicklung während der Financial Due Diligence zentraler Aspekt beim Abgleich der Unternehmensstrategie des Käufers mit derjenigen des Zielunternehmens sowie den anderen Teilreviews. In sämtlichen Teilreviews sind, neben dem strategischen Fit von Käuferunternehmen und Zielunternehmen, Risiken zu identifizieren und daraus folgende finanzielle Konsequenzen zu untersuchen, die Eingang in das Rechnungswesen finden, und hierüber wiederum einen Einfluß auf Unternehmenswert und Wertsteigerung ausüben.

1.3 Financial Due Diligence und Unternehmensbewertung

Definiert man die Financial Due Diligence als die Analyse der vergangenen, gegenwärtigen und voraussichtlichen zukünftigen Vermögens-, Finanz- und Ertragslage des Zielunternehmens (vgl. *Ganzert/Kramer* 1995), liegt die Verbindung zur Unternehmensbewertung nahe.

Der Unternehmenswert wird durch die dem Käufer zufließenden zukünftigen Nettozahlungen ermittelt (Zukunftserfolgswert auf der Basis finanzieller Nutzen). Diese werden mit einem die Alternativanlagemöglichkeiten berücksichtigenden Kalkulationszinssatz auf den Bewertungsstichtag diskontiert. Der so ermittelte Unternehmenswert stellt für den Käufer den Grenzpreis dar: Zahlt er einen Kaufpreis, der seinen Unternehmenswert unterschrittet, stellt er sich durch den Kauf besser als beim Unterlassen des Unternehmenserwerbs, und vice versa.

Die Financial Due Diligence kann, in Abhängigkeit der zeitlichen und inhaltlichen Positionierung im Akquisitionsprozeß, für die Unternehmenswertermittlung zwei Funktionen übernehmen. Zum einen als *Zulieferfunktion* in dem Sinne, daß im Rahmen der Due Diligence die relevante Datenbasis erhoben wird. Die Due Diligence bildet hierbei den informatorischen Unterbau für die Ermittlung des Unternehmenswertes. Dies setzt allerdings voraus, daß die erforderlichen Informationskategorien für den Unternehmenswert mit den zu beschaffenden Informationen während der Financial Due Diligence abgestimmt sind. Der Due Diligence kann zum anderen auch eine *Absicherungsfunktion* dergestalt zugewiesen werden, daß eine zuvor errechnete Bandbreite für den Unternehmenswert auf der Basis vorab angestellter Planungsüberlegungen nachträglich verifiziert bzw. angepaßt wird.

Analysiert man die Literatur zur Due Diligence und zur Unternehmensbewertung, so fällt auf, daß die Informationskategorien nicht in der Weise aufeinander abgestimmt sind, wie dies für die Sicherstellung der Due Diligence als Zuliefer- oder Absicherungsfunktion wünschenswert wäre. Vielmehr werden in die Kataloge (due diligence checklists) der einzuholenden Informationen quantitativ mehr und offenbar auch qualitativ andere Sachverhalte mit aufgenommen.

2 Durchführung der Financial Due Diligence

2.1 Die Teammitglieder und Informationsquellen

Entsprechend den Zielen und Inhalten einer Financial Due Diligence sind für deren Durchführung zunächst die Mitarbeiter aus den Bereichen Rechnungswesen, Controlling und Steuern prädestiniert. Des weiteren werden Wirtschaftsprüfer und Steuerberater sowie weitere Experten für Rechnungswesen und Corporate Finance aus Investmentbanken für einzelne Aspekte oder auch mit der Leitung der Financial Due Diligence beauftragt. Sofern größere Bestandteile der Gesamtaufgabe an externe Berater und Prüfer delegiert werden, müssen im Rahmen der Beauftragung die zentralen Ziele der Akquisition und damit die Analyseschwerpunkte verdeutlicht und fixiert werden, um im Sinne eines effizienten Umgangs mit den zeitlichen und personellen Ressourcen die Abstimmung innerhalb der einzelnen Teilreviews sowie der Ergebnisse der Due Diligence mit der Unternehmensstrategie sicherzustellen.

Im Zentrum der Informationsbeschaffung stehen die Jahresabschlüsse einschließlich Cash Flow-Rechnungen, Prüfungsberichten und Management Letter der Wirtschaftsprüfer sowie ein aktueller Monats-, Quartals- oder Halbjahresabschluß (vgl. *Kolb/Görtz* 1997). Demnach wird die Analyse zunächst von der Untersuchung der vergangenen Jahresabschlüsse und des aktuellen Jahresabschlusses ausgehen. In zukunftsorientierter Betrachtung bilden sie die Grundlage für die Unternehmensbewertung. Demnach laufen alle relevanten Informationen in der Planung der Jahresabschlüsse zusammen. Von der Produktplanung über die Absatz-, Umsatz- und Produktionsplanung bis hin zu Finanzierungsstrukturen werden alle Aspekte im Jahresabschluß und den daraus abgeleiteten entziehbaren finanziellen Überschüssen berücksichtigt.

Zur Erhöhung der Transparenz der externen Rechnungslegung und deren Abstimmung mit den Daten des internen Rechnungswesens werden die Jahresabschlüsse ergänzt um Sparten-, Deckungsbeitrags- und Ergebnisrechnungen. Zur Prüfung der Plausibilität der Entwicklung in der Vergangenheit mit der Strategie- und Geschäftsplanung sollten der Struktur der Jahresabschlüsse und internen Ergebnisrechnungen entsprechende Planungsrechnungen einschließlich Planungssubrechnungen wie Absatz- und Investitionsplanung seitens des Verkäufers vorgelegt bzw. im Verlauf der Financial Due Diligence erstellt werden (vgl. *Brebeck/Bredy* 1999).

2.2 Der Ablauf und die Koordination innerhalb des Teams

Die Notwendigkeit, die Financial Due Diligence in aufbau- und ablauforganisatorischer Sicht effizient zu planen, resultiert aus den zeitlichen und informatorischen Engpässen innerhalb des Akquisitionsprozesses. Um dem zentralen Stellenwert der Financial Due Diligence innerhalb der Teilreviews gerecht zu werden, sollte mit dieser in einem frühen Stadium begonnen werden. Dies bietet sich auch insofern an, da zumindest die Jahresabschlüsse vergangener Perioden oftmals zu den weniger sensiblen Unterlagen gehören und überdies bei großen Publikumsgesellschaften öffentlich verfügbar sind. Den Ablauf vom Allgemein zum Besonderen zu organisieren bedeutet, zunächst die entscheidungsrelevanten Informationen zusammenzustellen und diese nach zeitlichen und personellen Restriktionen weiter zu durchdringen und zu vertiefen. Das Problem besteht dabei darin, daß vor Kenntnis einer entsprechenden Information keine hinreichend sichere Aussage über ihre Entscheidungsrelevanz getroffen werden kann (Informationsparadoxon). Hingegen mögen Erfahrungen über die in einer Branche oder bei einem Unternehmenstypus üblicherweise auftretenden Risiken vorhanden sein, eine unmittelbare Übertragbarkeit auf den aktuellen Akquisitionsfall existiert allerdings nicht und kann nicht existieren.

Im weiteren Verlauf erstreckt sich die Financial Due Diligence über die gesamte Due Diligence hinweg, da die mit finanziellen Konsequenzen verbundenen Aspekte der anderen Teilreviews mit in die Planungsrechnungen einfließen. Insofern ist sicherzustellen, daß die Ergebnisse der anderen Teammitglieder rechtzeitig und - mit Fokus auf die die Planungsrechnungen betreffenden Aspekte - dem Financial Due Diligence-Team kommuniziert werden. Im Idealfall sind bei Abschluß der Due Diligence die einzelnen Positionen der Planungsrechnungen durch entsprechende Analysen und Prüfungen der an den anderen Teilreviews Beteiligten unterlegt.

3 Die Aufgaben in der Financial Due Diligence

3.1 Bereinigung und Anpassung der Vergangenheitsergebnisse (Normalisierungsrechnungen)

In Abhängigkeit von der Stabilität der Branche und des betrachteten Unternehmens innerhalb der Branche hat die Analyse vergangener Perioden ihre Berechtigung, obgleich in jedem Einzelfall zunächst zu prüfen ist, ob Strukturänderungen in der Vergangenheit und prognostizierte bzw. aktiv geplante Veränderungen in der Zukunft dies rechtfertigen.

Vor einer Analyse der Vergangenheitsergebnisse steht deren Bereinigung und Anpassung hinsichtlich der Beziehungen des bisherigen Eigentümers zum Unternehmen sowie des Unternehmens zu denjenigen Geschäftspartnern auf der Beschaffungs- und Absatzseite, die im Rahmen des Eigentümerwechsels von Änderungen betroffen sein werden (vgl. *Brebeck/Bredy* 1999, *Berens/Hoffjan/Strauch* 1999). Damit geht die Financial Due Diligence bereits in der Vergangenheitsanalyse über eine Jahresabschlußprüfung hinaus: Obgleich auch einzelne Bilanzpositionen im Hinblick auf aktivische Überbewertungen, passivische Unterbewertungen und stille Reserven geprüft werden, hat der Jahresabschluß und die Jahresabschlußprüfung gerade zum Ziel, ein zutreffendes Bild der Vermögens-, Finanz- und Ertragslage des Unternehmens innerhalb des bisherigen Umfeldes zu vermitteln. Während der Financial Due Diligence sind die Jahresabschlüsse dann im Hinblick auf die Positionen zu modifizieren, die aufgrund des Eigentümerwechsels und einer geplanten Änderung der Produktpolitik und/oder Marktbearbeitungsstrategie Veränderungen unterworfen sein werden. Diese Anpassungen betreffen im einzelnen Änderungen der Bilanzierungs- und Bewertungsmethoden, Verrechnungspreise innerhalb der Unternehmensgruppe des bisherigen Eigentümers, verdeckte Gewinnausschüttungen, nach dem Eigentumsübergang nicht mehr zur Verfügung stehende Leistungen der bisherigen Gesellschafter etc.

3.2 Analyse der Vermögens-, Finanz- und Ertragslage

Aufbauend auf den für die Vergangenheit und den aktuellen Zeitpunkt erstellten Normalisierungsrechnungen können sowohl einzelne Bilanzpositionen, Ergebnisgrößen (bspw. Operatives Ergebnis, Ergebnis vor Steuern, Jahresüberschuß, Übergewinn (EVA), Cash Flow) sowie Aufwandsarten einer eingehenderen Untersuchung unterzogen werden (vgl. *Kolb/Görtz* 1997, *Brebeck/Bredy* 1999). Auf diese Weise erhält der Käufer Anhaltspunkte, inwieweit die Ergebnisgrößen des Zielunternehmens im Rahmen der gesetzten Verzinsungsansprüche liegen.

3.3 Aufstellung von Planungsrechnungen

Soll die Financial Due Diligence nicht bei der Analyse des status quo der Zielgesellschaft enden, ist eine Beschäftigung mit der voraussichtlichen Entwicklung des Unternehmens im Verbund mit dem neuen Eigentümer notwendig. Entscheidend ist hierbei, von wem und zu welchem Zweck Planungsrechnungen erstellt wurden bzw. werden (vgl. *Brebeck/Bredy* 1999). Wurden die Planungsrechnungen vom bisherigen Eigentümer bzw. dessen Management erstellt, stellen sich dem potentiellen Käufer im wesentlichen zwei Probleme: Zum einen besteht die Gefahr, daß Planungsrechnungen speziell für den Anlaß des Verkaufs erstellt bzw. zumindest modifiziert wurden. Als 'hockey stick'-Effekt wird hierbei die Tatsache bezeichnet, daß geplante zukünftige Ergebnisse fernerer Planungsperioden einen signifikanten Anstieg gegenüber vergangenen Perioden aufweisen (vgl. *Kolb/Görtz* 1997). Werden Kaufpreisvorstellungen seitens des Verkäufers auf der Basis dieser Planungsrechnungen formuliert, fällt es schwer, diese mit den Grenzpreisüberlegungen des Käufers in Einklang zu bringen.
Zum anderen stellt sich auch ungeachtet solcher Effekte die Frage, ob durch den Verkäufer erstellte Planungsrechnungen einen Eigentumsübergang überhaupt ermöglichen: Bedingung hierfür ist, daß der Grenzpreis des Verkäufers kleiner oder gleich demjenigen des Käufers ist. Bilden sich die Grenzpreisvorstellungen auf der Basis desselben Datenmaterials, verengt sich im allgemeinen die Spanne, innerhalb derer eine Übereinkunft unter den Parteien zustande kommen kann. Aufgrund dieser Tatsache und der Überlegung, daß bei der Schaffung eines Mehrwertes infolge der Akquisition der Kaufpreis unter dem Grenzpreis des Käufers liegen muß, sind seitens des Käufers geplante wertsteigernde Modifikationen der bisherigen Strategie und Unternehmenspolitik bereits im Rahmen der Financial Due Diligence in die Planungsrechnungen einzustellen. Aus Verhandlungsgesichtspunkten werden diese Modifikationen allerdings nicht dem Verkäufer offenbart.

4 Dokumentation und Berichterstattung über die Financial Due Diligence

Die Dokumentation innerhalb der Due Diligence hat zum einen Relevanz im Rahmen der Beweissicherung bei eventuellen späteren Rechtsstreitigkeiten. Hierbei geht es darum, ob nach dem Eigentumsübergang aufgedeckte negative Sachverhalte vor dem Eigentumsübergang, mithin während der Due Diligence, seitens des Verkäufers offengelegt wurden, ob der Käufer nach entsprechenden Risiken gefragt hat und ihm entsprechende Informationen verweigert wurden oder er sich nicht nach diesen erkundigt hat.
Zum anderen dient die Dokumentation zur Sicherstellung einer effizienten Kommunikation innerhalb des Teams. Hierbei sind Arbeitspapiere, Kopien von Unterlagen über das Zielunternehmen, Teil- und Abschlußberichte (-reports, -memoranden etc.) zu erstellen (vgl. *Berens/Hoffjan/Strauch* 1999). Gemäß der Vorgehensweise während der gesamten Due Diligence sollten alle zur Weiterleitung vorgesehenen Unterlagen so aufbereitet werden, daß diese den jeweiligen Empfänger auf die wesentlichen Aspekte aufmerksam machen und weiter fortschreitend in einzelne Detailbereiche einführen (vgl. *Ganzert/Kramer* 1995). Um die wirtschaftliche und wirtschaftsrechtliche Relevanz hervorzuheben und auch zu einer effizienten Vorgehensweise während der Due Diligence anzuhalten, sollte in den entsprechenden Aufzeichnungen jeweils die Auswirkung auf die Erträge, das Ertragspotential und den Unternehmenswert des Zielunternehmens im Verbund mit dem neuen Eigentümer verdeutlicht werden.

Literatur

Berens/Hoffjan/Strauch: Planung und Durchführung der Due Diligence, in: Berens/Brauner (Hrsg.): Due Diligence bei Unternehmensakquisitionen, Stuttgart 1999, S. 113-156.

Binder/Lanz: Due-diligence, in: INDEX, 4-5/1993, S. 15-20.

Brebeck/Bredy: Due Diligence aus bilanzieller und steuerlicher Sicht, in: Berens/Brauner (Hrsg.): Due Diligence bei Unternehmensakquisitionen, Stuttgart 1999, S. 221-249.

Ganzert/Kramer: Due Diligence Review - eine Inhaltsbestimmung, in: WPg, 17/1995, S. 576-581.

Kolb/Görtz: Der Financial Due Diligence-Report, in: M&A Review, 7-8/1997, S. 311-316.

Marten/Köhler: Due Diligence in Deutschland, in: Finanz Betrieb, 11/1999, S. 337-348.

Rappaport: Shareholder Value, Stuttgart 1999.

Beiträge zum Controlling

Herausgegeben von Wolfgang Berens

Band 1 Wolfgang Berens / Joachim Strauch: Due Diligence bei Unternehmensakquisitionen – eine empirische Untersuchung. Unter Mitarbeit von Thorsten Behrens und Julia Lescher. 2002.

www.ingramcontent.com/pod-product-compliance
Ingram Content Group UK Ltd.
Pitfield, Milton Keynes, MK11 3LW, UK
UKHW021233031026
15588UKWH00001B/56

9 783631 391112